BAUSTEINE

Sprachbuch 3

Schulausgangsschrift

Ausgabe Sachsen

Erarbeitet von
Björn Bauch, Petra Fuß, Anne Gottschlich,
Matthias Greven, Gabriele Hinze,
Luitgard Schell und Hans-Peter Schmidt

Unter Beratung von Rosie Mester

Für Sachsen bearbeitet von
Andrea Dreyer, Sibylle Heßler,
Kathrin Jäger, Heide-Marie Kaffke
und Undine Schneider

Diesterweg

INHALT

Das kann ich schon 4
Schule 10
Familie 16
Sport 22
Tiere 28
Fabeln 34
Weihnachtszeit 40
Rund ums Buch 46
Indianer 54
Am Bildschirm 60
Mädchen und Jungen 66
Fahrzeuge 72
Wörterdetektive 78

Natur 84

Villa Gänsehaut 90

Drachen 96

Wasser 102

Steinzeit 108

Tipps und Tricks 114

Fachbegriffe 122

Stoffverteilungsplan 126

Wörterverzeichnis 130

1 Übungsaufgabe
1 Zusatzaufgabe mit geringerem Anspruchsniveau
1 Zusatzaufgabe mit höherem Anspruchsniveau
1 Aufgabenerfüllung mithilfe des Computers möglich
* Zusatztext mit höherem Anspruchsniveau
Partnerarbeit
Gruppenarbeit
Quiesel-Karte zum Abschreiben

Hallo, ich bin Quiesel. Ich gebe dir viele Tipps.

DAS KANN ICH SCHON

1 Manche Kinder sprechen in Geheimsprachen. Lest vor, was sie sagen.

2 Welche Tricks haben die Kinder angewendet?

3 Schreibe die Sätze richtig auf.

4 Schreibe das Gedicht über Emma in einer der Geheimsprachen auf.

1 Schreibe die Wörter von den Dosen auf Zettel. Ordne sie nach dem ABC.

2 Ordne die Wörter von den Luftballons nach dem ABC. Schreibe sie auf.

3 Ordne nach dem ABC: Buch, Ball, Bruder, Bank, Blume, Baum, Bild, Fest, Fahrrad, Freund, Familie, Ferien, Farbe, Film.

Glücksrad

1 Suche die Substantive. Beginne am Zeiger. Prüfe, ob du die Mehrzahl bilden kannst.

2 Schreibe die Substantive mit ihren Artikeln in der Einzahl und in der Mehrzahl auf:

Einzahl	Mehrzahl
die Schwester	*die Schwestern*

3 Markiere in der Tabelle die Anfangsbuchstaben der Substantive. Sie ergeben von oben nach unten das Lösungswort.

Substantive sind Namen für **Menschen, Tiere, Pflanzen** und **Dinge.** Substantive schreiben wir **groß.**

Quieselsprache

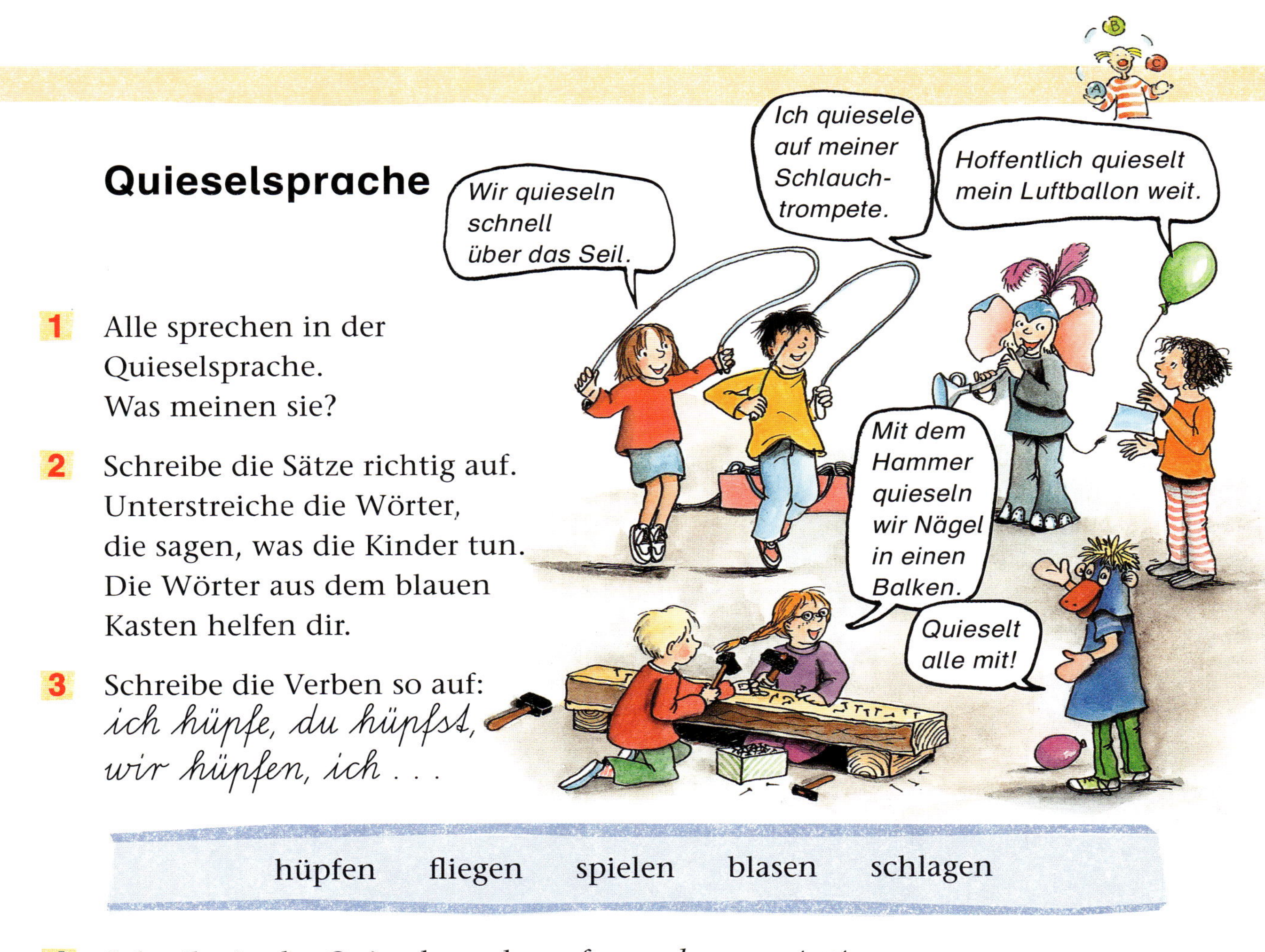

1 Alle sprechen in der Quieselsprache. Was meinen sie?

2 Schreibe die Sätze richtig auf. Unterstreiche die Wörter, die sagen, was die Kinder tun. Die Wörter aus dem blauen Kasten helfen dir.

3 Schreibe die Verben so auf:
ich hüpfe, du hüpfst, wir hüpfen, ich . . .

hüpfen fliegen spielen blasen schlagen

4 Schreibe in der Quieselsprache auf, was *du* gerne tust. Lass die anderen raten: *Ich quiesele . . .*

Verben geben an, was jemand tut oder was geschieht.

Mit Gesprächsregeln geht es besser

5 Warum brauchen wir Regeln?

6 Welche Regeln sind in eurer Klasse besonders wichtig? Beratet und veröffentlicht sie.

Die glückliche Gewinnerin

Emma und Jan schlendern zur Losbude. Der Verkäufer hat die Lose in einem Eimer. Emma zieht drei Lose. Der Elefant ist der Hauptgewinn. Ein Kind mit einem Pulli gewinnt den Ball. Emma gibt ihr Los mit der Nummer 7 ab und bekommt einen Hampelmann.

klein groß bunt grün rot lustig

1 Lies den Text. Setze die passenden Adjektive ein.

Adjektive geben an, wie etwas ist.

2 Suche im Wörterverzeichnis Wörter zu den Kisten. Schreibe sie auf Karten.

3 Ziehe aus jeder Kiste eine Karte. Bilde lustige Sätze.

4 Schreibe drei Sätze auf. Achte auf die Großschreibung am Satzanfang.

Abschreiben mit der Quiesel-Karte

die Bühne
die Straße
die Vorstellung
die Waffel
drehen
gewinnen
kaufen
treffen
zählen
heiß
lustig
müde

Lies das Wort und sprich es langsam und deutlich.
Merke dir die schwierigen Stellen.

Decke das Wort mit der Karte ab.

Schreibe das Wort auf. Sprich leise mit.
Vergleiche dein Wort mit der Vorlage.

~~Munt~~
Mund

Ein Fehler?
Streiche dein Wort durch und schreibe es noch einmal.

1 Wie benutzt man die Quiesel-Karte? Erkläre.

2 Bastle dir eine eigene Quiesel-Karte.

Auf dem Straßenfest
*Emma und Jan kaufen sich eine Waffel mit heißen Kirschen. Viele Kinder treffen sich an der Bühne. Dort zählt das Trampeltier, und der lustige Elefant trompetet mit seinem Rüssel. * Alle sind begeistert. Nach der Vorstellung drehen sie das Glücksrad. Emma gewinnt.*

3 Schreibe den Text mit der Quiesel-Karte ab.

1 Was machen die Kinder in der Pause?

2 Welche Situationen gefallen euch, welche nicht?

3 Zwischen manchen Kindern gibt es Ärger. Was können sie tun?

1 Schreibt die fehlenden Ereigniskarten, die zu den Feldern mit den Nummern passen.
Spielt das Spiel:
(=) zwei Felder zurück, (=) zwei Felder vor.

2 Denkt euch weitere Spielregeln aus.
Schreibt sie auf und probiert sie aus.

Im Klassenzimmer

1 Was passiert hier? Vergleicht die Situationen.

2 Wie fühlen sich die Kinder wohl?

3 Was können Anja und Tom höflich zueinander sagen?

Du brauchst Hilfe.

Du willst jemand
um Rat fragen.

4 Wie kann man höflich miteinander umgehen?
Probiert die Situationen in der Klasse aus.

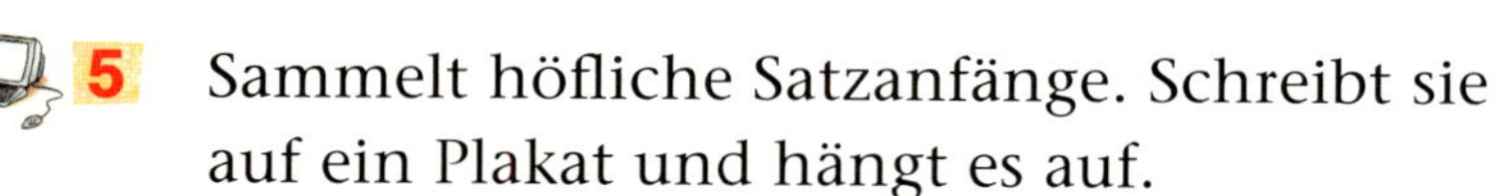

5 Sammelt höfliche Satzanfänge. Schreibt sie
auf ein Plakat und hängt es auf.

6 Wähle eine Situation aus.
Schreibe eine Geschichte dazu.

Kinder lernen überall

1 Woher könnten die Kinder kommen?

2 Wodurch unterscheiden sie sich? Was haben sie gemeinsam?

3 Erkundige dich, wie Kinder in anderen Ländern lernen. Nutze dazu die Bücherei und das Internet. Berichte in der Klasse darüber.

merci | pan | walkman | round | cinema | cool
playa | baguette | beach | dog | bus

4 Welche Wörter könnt ihr verstehen? Warum?

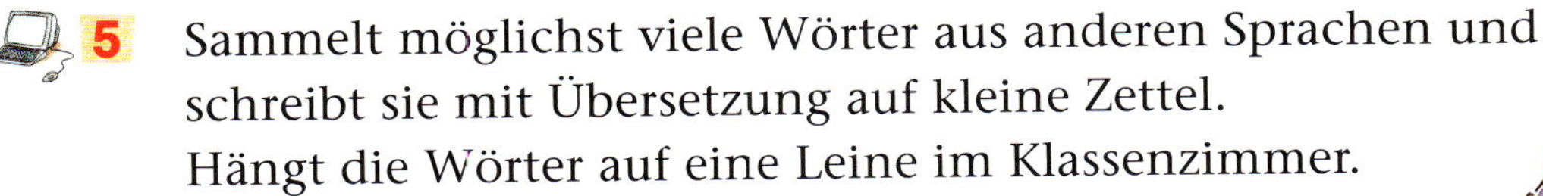

5 Sammelt möglichst viele Wörter aus anderen Sprachen und schreibt sie mit Übersetzung auf kleine Zettel. Hängt die Wörter auf eine Leine im Klassenzimmer.

6 In einigen Ländern tragen die Kinder Schuluniformen. Was meint ihr dazu? Diskutiert darüber.

Gemeinsam spielen

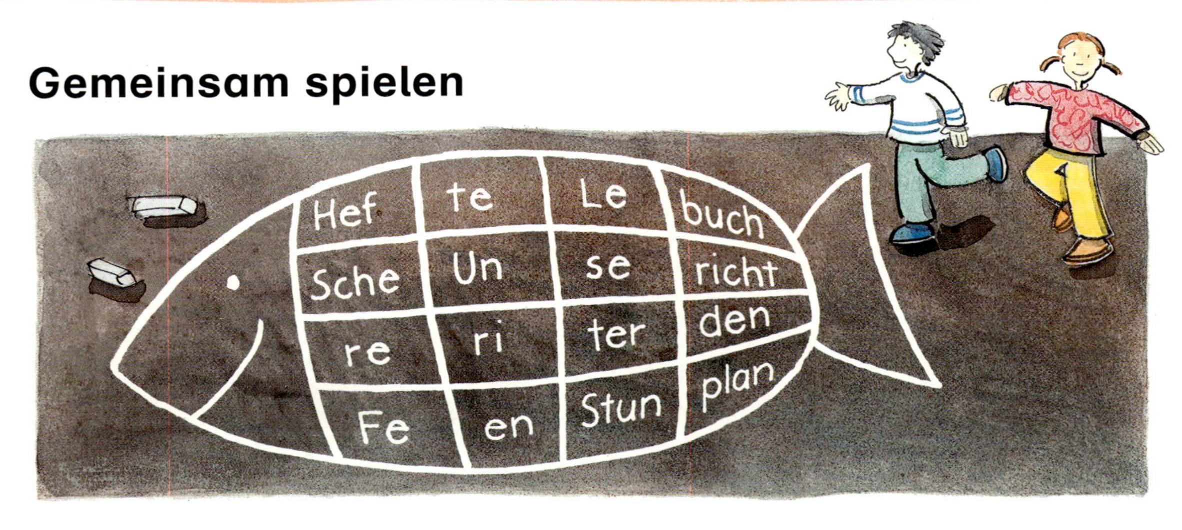

1 Welche Wörter können die Kinder hüpfen? Schreibe sie auf.

Radiergummi Tischnachbarin Hausmeister Lineal lernen
Füller Gruppenarbeit schwimmen Turnbeutel

2 Zerlege die Wörter in Silben. Klatsche bei jeder Silbe einmal.

3 Schreibe die Wörter in Silben auf: *Ra-dier-gum-mi, . . .*

4 Spielt das Reimspiel: Findet zu jedem Wort aus dem Baum ein passendes Reimwort.

5 Schreibe die Reimpaare auf: *Zange – Schlange, . . .*

6 Suche im Wörterverzeichnis alle Wörter mit *Schl/schl* und *Schw/schw*. Schreibe sie auf.

Üben mit der Profikarte

Profikarte Nr. 1 für *Mona*
die Karte
die Klasse
die Lehrerin

1. Schreibe die Übungswörter auf deine Profikarte.
2. Kontrolliere alle Wörter genau.
3. Lass dir die Wörter von der Profikarte diktieren.
4. Überprüfe: Hast du das Wort richtig geschrieben, male einen Taler an.
   Hast du das Wort falsch geschrieben, streiche es durch und schreibe es noch einmal.
5. Für fünf Taler erhältst du einen Pokal. Male ihn an.

Das sind die Übungswörter!

1 Übt die Übungswörter mit euren Profikarten.

Partnerdiktat

1. Ein Kind liest die Sätze in Abschnitten deutlich vor.
2. Das andere Kind schreibt die Sätze in sein Heft.
3. Beide überprüfen, ob die Sätze richtig geschrieben sind.
4. Dann diktiert das andere Kind.

Mit der Profikarte kann ich auch meine falsch geschriebenen Wörter üben.

W

die Karte
die Klasse
die Lehrerin
der Schulhof
der Unterricht
diskutieren
hüpfen
schmecken
spielen
streiten
vertragen
schlecht
schnell
schwer

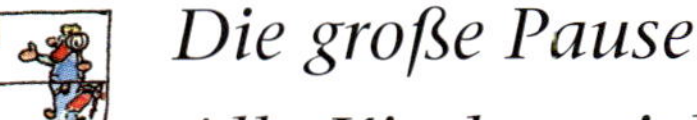

Die große Pause
*Alle Kinder spielen auf dem Schulhof. Mona und Greta hüpfen auf einem Bein. Henri und Jonas tauschen Karten. Die Kinder der Klasse 3b laufen um die Wette. Doch was ist das? Lisa und Maria streiten sich. Lisa weint. * Das tut Maria sehr leid. Sie entschuldigt sich bei Lisa. Dann gehen sie gemeinsam zum Unterricht.*

FAMILIE

1 Paul Fischer ist Leons Großvater.
Wie sind die anderen Menschen mit Leon verwandt?

2 Wie sind die übrigen Menschen miteinander verwandt? Erklärt.

1 Wer gehört zu deiner Familie? Bringe Fotos mit oder male Bilder. Schreibe die Namen deiner Verwandten auf Zettel.

2 Lege die Zettel so, wie die Menschen miteinander verwandt sind.

3 Klebe die Zettel auf. Gestalte dein Familienbild und stelle es vor.

Streiten und vertragen

1 Erzähle die Geschichte.

sauer gereizt grimmig böse empört zornig ärgerlich
heiter fröhlich lustig vergnügt glücklich zufrieden
bedrückt erschrocken betroffen schuldbewusst

2 Betrachte jedes Bild einzeln. Welche Gefühle hat Andi, welche seine Mutter? Die Wörter im Kasten helfen dir.

3 Wie verändern sich die Gefühle der beiden? Warum wohl?

4 Wie können sich Andi und seine Mutter wieder vertragen? Spielt die Geschichte und probiert verschiedene Lösungen aus.

5 Schreibe die Geschichte auf. Wie geht deine Geschichte aus?

Geschichten überarbeiten

1 Worauf sollen die Kinder bei ihrer Geschichte achten?

bedrückt
Andi ist ~~grimmig~~. Er mag es nicht, wenn seine Mutter so guckt und
Andi
nichts sagt. ~~Dann~~ hat ~~er~~ seine Mutter enttäuscht. Und dann will er alles
Plötzlich
schnell wieder gutmachen. ~~Und dann~~ hat er eine Idee. Schnell läuft er
Er schmiert für seine Mutter ein Wurstbrot.
in die Küche. √ Jetzt müssen beide lachen. Pauline

2 Wie hat Pauline ihren Text verbessert? Erkläre.

3 Sieh dir jede Verbesserung an.
Sage, welcher Tipp Pauline geholfen hat.

4 Überarbeite deinen eigenen Text.
- Nimm dir Tipp für Tipp der Liste vor.
- Was musst du an deiner Geschichte ändern?
- Markiere deine Veränderungen mit den Farben von der Tafel.

Wochenende

Papa will mit uns allen zum Handball. Papa glaubt,
dass wir auch gerne zum Handball gehen wollen.
Mama ist nicht begeistert. Mama findet
die Idee gut, etwas zusammen zu machen.
5 Mama möchte aber lieber auf den Flohmarkt.
Papa hat eine Idee. Papa zeichnet Wellen
auf ein Stück Papier. Mama weiß sofort Bescheid.
Mama mag Tretboote noch lieber als Flohmärkte.

1 Lies den Text. Was fällt dir auf?

2 Schneide dir vier Plättchen aus. Beschrifte zwei Plättchen mit *Er* und zwei Plättchen mit *Sie*. Lege sie an den Stellen auf den Text, wo du *Mama* oder *Papa* ersetzen möchtest.

3 Lest eure Texte vor und vergleicht.

Papa und ich machen ein Wettrennen. Papa hat das rote Tretboot, … habe das gelbe. Papa ist viel schneller als ich. Bestimmt hat … das bessere Boot. Ganz neu sieht … aus. Mama winkt uns vom Ufer zu. … lacht. „Willst … mitfahren?“, ruft Papa laut. „Dann können … alle zusammen um die Wette fahren.“

ich du er sie es wir

4 Wo kannst du sinnvoll die Pronomen einsetzen? Probiere aus.

5 Schreibe den Text vollständig auf. Achte auf die Großschreibung am Satzanfang.

Pronomen können wir für Substantive einsetzen:
z. B. *ich, du, er, sie, es, wir, ihr, sie.*

Familientreffen

der Besuch
der Computer
die Familie
der Geburtstag
die Kusine
die Schwester
freuen
kommen
fröhlich
traurig
verwandt
wütend
ihn
ihr
sie
wir

1 Welche Zurufe passen zu dem Kärtchen, das der Junge hochhält? Welche Zurufe passen nicht? Erklärt das Spiel.

2 Spielt das Spiel. Überlegt euch dafür auch eigene Sätze.

3 Schreibe zu jedem Schild drei Beispiele. Vergiss die Satzschlusszeichen nicht.

Fabians Geburtstag

*Die ganze Familie kommt zu Besuch. Fabian freut sich auf seine Kusine Nora und alle Gäste. Er hat sich von ihnen ein Internet-Buch gewünscht. Später zeigt er seiner kleinen Schwester am Computer eine Suchmaschine für Kinder. * Gemeinsam drucken sie lustige Bilder aus und bedanken sich damit bei den Verwandten.*

4 Schreibe den Text als Schleichdiktat.

5 Unterstreiche in deinem Heft die Pronomen.

SPORT

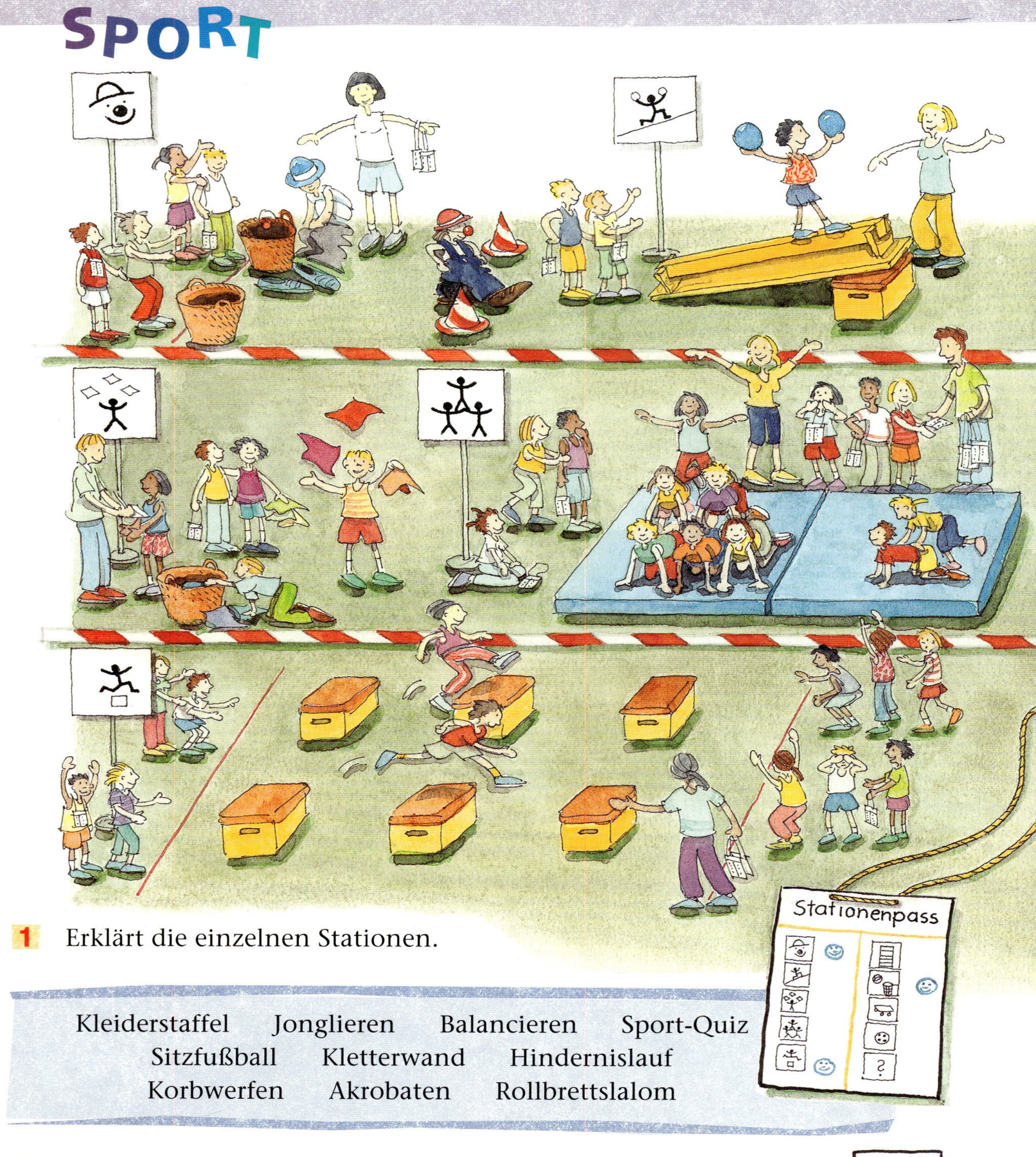

1 Erklärt die einzelnen Stationen.

Kleiderstaffel Jonglieren Balancieren Sport-Quiz
Sitzfußball Kletterwand Hindernislauf
Korbwerfen Akrobaten Rollbrettslalom

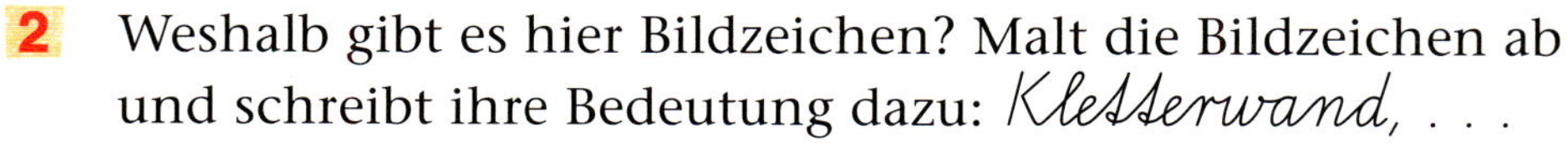

2 Weshalb gibt es hier Bildzeichen? Malt die Bildzeichen ab und schreibt ihre Bedeutung dazu: *Kletterwand, . . .*

3 Welche Sport-Station würde dir besonders viel Spaß machen? Begründe.

1 Veranstaltet ein **Sport-Quiz:** Jedes Kind schreibt eine Frage auf eine Karteikarte und die richtige Antwort auf die Rückseite. Nun lesen alle der Reihe nach ihre Fragen vor. Wer zuerst richtig antwortet, bekommt die Karte. Gewonnen hat, wer die meisten Karten gesammelt hat.

Gesucht wird ...

Wir unterbrechen unser Sportfest.
Jonas sucht seine kleine Schwester Lisa.
Zuletzt wurde sie am Getränkestand gesehen.
Lisa trägt eine rote Brille.
krr ... krrr ... krr ... ... krrr ...
Wer Lisa gesehen hat, meldet sich bitte
am Getränkestand.

1 Eigentlich hat der Sprecher Lisa genau beschrieben.
Was hat er wohl gesagt?

braun orange gelb blau rot kurz gestreift
groß lang Kappe T-Shirt Hose Turnschuhe

2 Schreibe die Suchmeldung vollständig auf.
Die Wörter und Tipps helfen dir.

- Beschreibe zuerst das, was besonders auffällt.
- Beschreibe dann die Person von Kopf bis Fuß.
- Beschreibe nur, was du sehen kannst.
- Verwende passende Wörter.

3 Tauscht eure Texte aus. Überprüft, ob alle Tipps beachtet worden sind.

4 Spielt das GESUCHT-WIRD-SPIEL:
Sammelt Bilder von Sportlerinnen und Sportlern. Schreibt auf ein Blatt eine genaue Personenbeschreibung ohne den Namen zu nennen.
Hängt die Bilder und eure Beschreibungen getrennt voneinander auf.
Ordnet dann richtig zu.

Ich kann schnell und langsam gehen

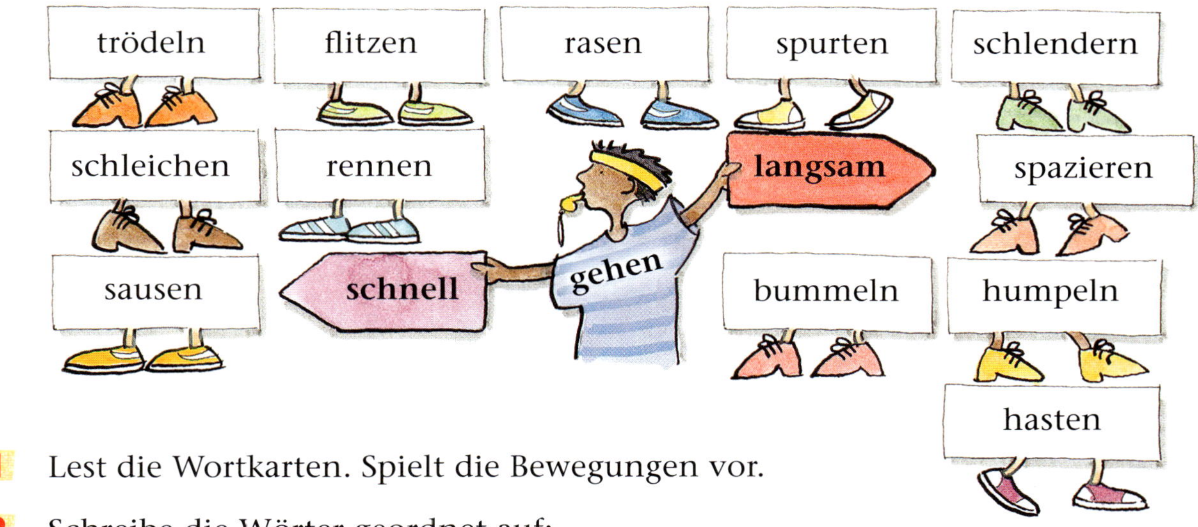

1 Lest die Wortkarten. Spielt die Bewegungen vor.

2 Schreibe die Wörter geordnet auf:
schnell: flitzen, . . .
langsam: trödeln, . . .

3 Suche weitere Wörter für *gehen*. Schreibe sie auf.

4 Suche dir sechs Verben aus und schreibe eigene Sätze.

Die letzten Vorbereitungen
Der Sportlehrer eilt in die Turnhalle, um noch die Luftballons aufzuhängen. Maria flitzt hinterher, doch dann fällt sie über ein Seil. Schnell rennt Hannes zu ihr, um ihr zu helfen. Aber sie humpelt schon wieder weiter. Jan schlendert gemütlich zur Akrobaten-Station. Der Rektor hastet zum Rednerpult, um das Fest zu eröffnen.

5 Entziffere die Verben, die halb verdeckt sind.
Suche im Wörterverzeichnis die Grundform: *eilt – eilen, . . .*

Um die Wette klettern

1 Die Kinder klettern um die Wette. Vergleicht.

gut   weiter   groß   besser   stark   am besten
weit   am stärksten   schneller   größer   am schnellsten
am größten   schnell   am weitesten   stärker

2 Welche drei Wörter gehören zusammen?
Schreibe so: *gut – besser – am besten, . . .*

3 Suche aus dem Wörterverzeichnis weitere Adjektive heraus und schreibe sie mit den Steigerungsstufen auf.

Viele Adjektive haben Steigerungsstufen:
Grundstufe: *hoch*   Mehrstufe: *höher*   Meiststufe: *am höchsten.*

Ball in den Korb

4 Welche Bälle passen in welchen Korb? Schreibe die Wörter als Aufzählung.

5 Kreise die Mitlauthäufung im Anlaut ein.

Rund um den Sport

der Glückwunsch
das Kostüm
die Mannschaft
das Sportfest
die Staffel
die Station
der Streit
die Turnhalle
die Zuschauer
gehen
gratulieren
jubeln
rennen
springen
stürmen
ziehen
hoch

1 Stell dir vor, du darfst die Medaillen überreichen! Was sagst du?

2 Spielt die Siegerehrung.

Die Kinder der dritten Klassen gestalten diesen Monat die Schülerzeitung. Sie wollen den Siegern des Sportfestes in einem Artikel gratulieren.

3 Hilf den Kindern. Schreibe den Glückwunsch für die Schülerzeitung.

Unser Sportfest
*In der Turnhalle sind viele Stationen aufgebaut. Nils möchte zum Hindernislauf gehen, weil er gut über Kisten springen kann. Aber da rennt Lea auf ihn zu. Sie braucht ihren Freund für die Kleiderstaffel. Rasch zieht Nils das lustige Kostüm an und stürmt los. * Seine Mannschaft gewinnt. Lea und Nils können sich gegenseitig gratulieren. Die Zuschauer klatschen und jubeln ihnen zu.*

4 Schreibe den Text als Partnerdiktat.

5 Lies deinen Text Wort für Wort von hinten. Kontrolliere jedes Wort. Benutze die Quiesel-Karte.

jubeln.

TIERE

1 Warum macht das Wochenblatt diese Aktion?

2 Welche Tiere entdeckst du auf dem Bild?

3 Welche Tiere würdest du in der Stadt nicht vermuten? Überlege, warum auch sie in der Stadt leben.

1 Schreibe die Namen der Tiere und ihre Verstecke auf. Die Silben helfen dir:
Amsel – Gebüsch, . . .

2 Sammle Informationen über diese Tiere. Suche in Büchern, Zeitschriften oder im Internet.

Tiersteckbriefe

Flinke Akrobaten

Eichhörnchen leben in Wäldern und in Parks. Man erkennt das Eichhörnchen am rostbraunen oder grauen Fell und am buschigen Schwanz.

Der geschickte Kletterer baut sein Nest auf
5 hohen Bäumen. Das Eichhörnchen kann bis zu 3 m weit springen. Beim Springen steuert es mit dem Schwanz. Im Schlaf deckt es sich mit ihm zu.

Es frisst Nüsse und Samen, aber auch Früchte und Vogeleier.
10 In Parks wird das Eichhörnchen oft so zahm, dass es sich von Menschen füttern lässt.

Steckbrief Eichhörnchen

Aussehen:

Eigenschaften:

Lebensraum: Wälder und Parks

Nahrung:

Das finde ich spannend:

von Tim

1 Lies den Text. Berichte über das Eichhörnchen.

2 Mit welchen Stichworten kann Tim seinen Steckbrief ergänzen?

3 Schreibe den Eichhörnchen-Steckbrief vollständig auf.

trägt glänzende Gegenstände in ihr Nest

Fell oben rostrot, unten weiß

Hecken und Bäume in Wäldern und Parks

Fuchsbau in Wäldern, Parks und Bauruinen

Allesfresser: Schnecken, Mäuse, Hasen, Essensreste, Hühner

hört und sieht sehr gut

schwarz-weißes Gefieder, langer Schwanz

Allesfresser: Schnecken, Regenwürmer, Abfälle

4 Ordne die Stichworte den Tieren zu.

5 Wähle ein Tier aus. Schreibe einen Steckbrief.

6 Stelle dein Tier mit deinem Steckbrief vor.

*Kommas stehen bei Aufzählungen, wenn sie nicht durch **und** oder **oder** verbunden sind.*

Ist ja tierisch!

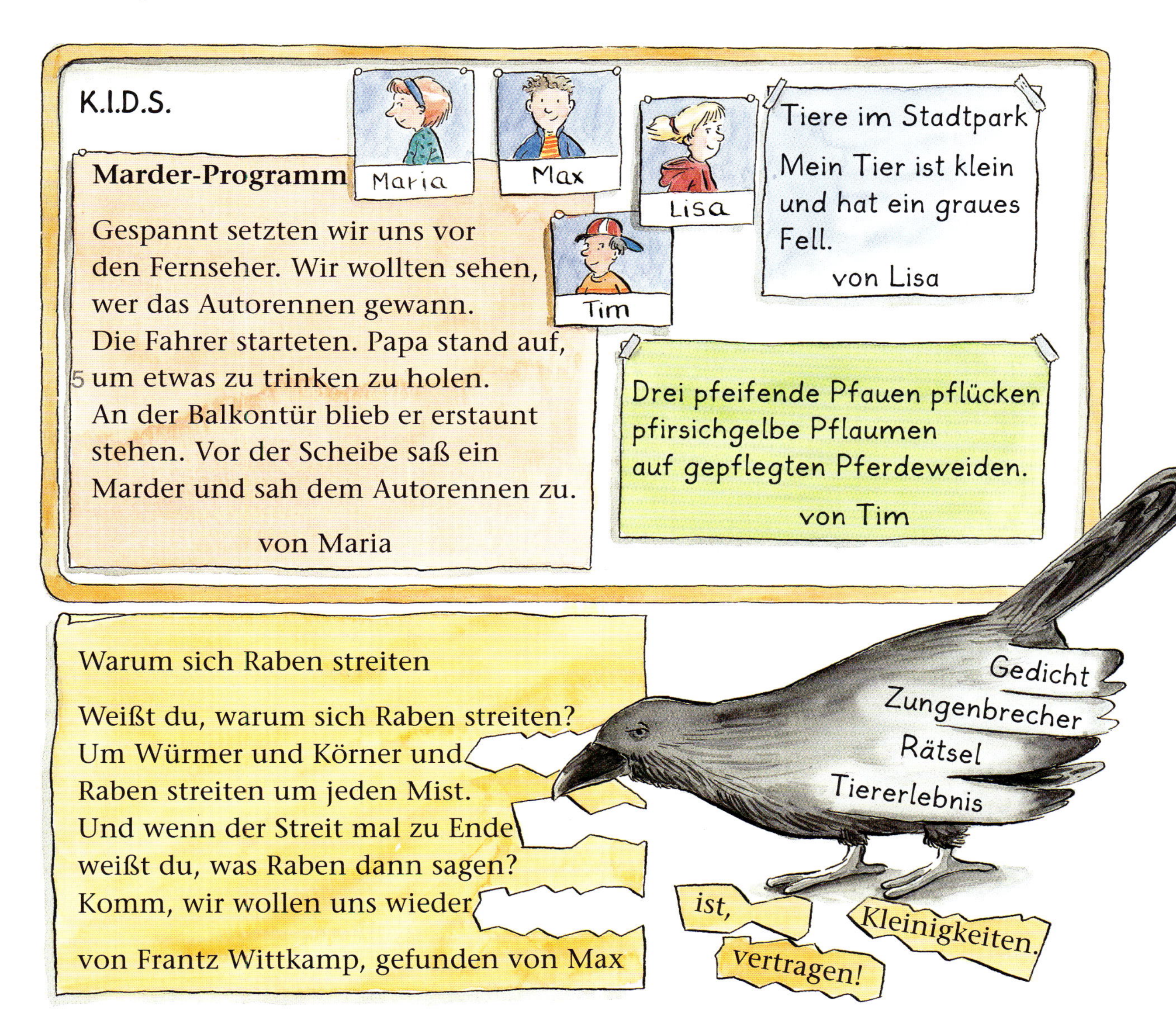

K.I.D.S.

Maria Max Lisa Tim

Marder-Programm

Gespannt setzten wir uns vor
den Fernseher. Wir wollten sehen,
wer das Autorennen gewann.
Die Fahrer starteten. Papa stand auf,
5 um etwas zu trinken zu holen.
An der Balkontür blieb er erstaunt
stehen. Vor der Scheibe saß ein
Marder und sah dem Autorennen zu.

von Maria

Tiere im Stadtpark

Mein Tier ist klein
und hat ein graues
Fell.

von Lisa

Drei pfeifende Pfauen pflücken
pfirsichgelbe Pflaumen
auf gepflegten Pferdeweiden.

von Tim

Warum sich Raben streiten

Weißt du, warum sich Raben streiten?
Um Würmer und Körner und
Raben streiten um jeden Mist.
Und wenn der Streit mal zu Ende
weißt du, was Raben dann sagen?
Komm, wir wollen uns wieder

von Frantz Wittkamp, gefunden von Max

1 Auf den Rabenfedern stehen Wörter. Ein Kind nennt ein Wort, ein anderes Kind liest den passenden Text vor. Warum passt genau dieser Text?

2 Setze die Reimwörter in das Gedicht ein. Schreibe es auf.

3 Schreibe den Zungenbrecher ab. Sprich ihn deutlich und schnell.

4 Schreibt selbst solche Texte über Tiere. Macht daraus eine Wandzeitung.

Spurensuche im Garten

1 Lest, was die Kinder gerade erleben.

K.I.D.S.

von
Lisa Max Tim Maria

Letzten Mittwoch ___ wir Frau Schmieder. Sie ___
im Garten. Plötzlich ___ wir einen Schatten.
Ein Fuchs ___ über die Gartenmauer. Kurz darauf ___
wir ein Erdloch. Maria ___ auf die Wiese.
5 Sie ___ feinen Sand und ___ ihn um das Loch.
Nächste Woche erfahrt ihr, wie die Geschichte ausging.

besuchten sahen arbeitete
huschte kam brachte
entdeckten streute

2 Die Kinder berichten vom letzten Mittwoch.
Setze die Verben in der Vergangenheit ein.

3 Schreibe den Zeitungsartikel vollständig auf.
Unterstreiche die Verben.

4 Schreibe zu jedem Verb aus dem Zeitungsartikel das passende Verb aus den Sprechblasen auf:

Präteritum (Vergangenheit)	**Präsens** (Gegenwart)
wir besuchten	*wir besuchen*
sie arbeitete	

Verben können im **Präsens** oder im **Präteritum** stehen.

Die Vorsilben ver- und vor-

ver- vor-

singen | führen | biegen | drängeln | graben | stecken

W

der Abend
das Eichhörnchen
die Feldmaus
der Fuchs
der Müll
die Stadt
flüchten
pflücken
sehen
streunen
verschwinden
verstecken
vorführen
jung
neugierig

1 Suche zu den Bildern passende Verben mit den Vorsilben *ver-* oder *vor-*: 1. vergraben, . . .

2 Markiere immer die Vorsilbe *ver-* und *vor-*.

3 Schreibe in Sätzen auf, was die Tiere tun.

ver-

laufen täuschen
binden
jagen schieben

vor-

Die Vorsilben vor- und ver- schreibt jeder Herr und jede Frau mit VOGEL-V!

4 Welche Vorsilben passen? Schreibe die Wörter auf: verlaufen, . . .

Tiere in der Stadt

*Es wird Abend. In den Straßen wird es ruhiger. Die Tiere müssen sich nicht mehr verstecken. Eine kleine Feldmaus flüchtet vor der Eule und verschwindet in ihrem Loch. Neugierig schaut aus einem Laubhaufen ein Igel hervor. * Durch den Park streunt ein junger Fuchs. Er wühlt im Müll nach Futter.*

5 Schreibe den Text im Präteritum auf.

FABELN

1 Was passiert hier? Was will der Fuchs erreichen? Was will die Gans erreichen?

2 Spielt die Geschichte (Bild 1 – 6). Überlegt euch zu jedem Bild:
- Was sagen die Tiere?
- Wie sprechen die Tiere?
- Wie bewegen sie sich?

Eine Gans watschelt mit ihren Küken durch den Garten.
Sie warnt die Kleinen vor dem Fuchs.

Der Fuchs will der Gans seinen Bau zeigen.

In Wirklichkeit freut er sich schon auf das Festessen.

Schon springt der Fuchs über den Zaun. Schnell verstecken sich die Küken.

Da schlägt die Gans vor, ihn zu seinem Bau zu fliegen.
Sie hat sich eine List ausgedacht.

Über einem See wirft die Gans aber den Fuchs ab
und fliegt erleichtert zu ihren Kindern zurück.

Kurz entschlossen steigt der Fuchs auf ihren Rücken. Den Flug findet
er herrlich. Am liebsten möchte er um die ganze Welt fliegen.

1 Schreibe die Sätze auf Papierstreifen.
Ordne sie in der richtigen Reihenfolge.

2 Klebe deine Fabel auf und denke dir eine passende Überschrift aus.

3 Vergleicht eure Fabeln.

Vor dem Wettlauf

1 Lest das Gespräch vor. Der Igel antwortet immer mit den gleichen Sätzen.

2 Schreibe das Gespräch auf. Lass nach jeder Sprechblase eine kleine Lücke:
Guten Tag, Igel. Guten Tag, Hase. Wie geht's? Mir geht's gut . . .

3 Markiere, was Hase und Igel sagen und setze es in Anführungszeichen:
„Guten Tag, Igel." „Guten Tag, Hase. Wie geht's?" „Mir . . .

Was jemand spricht, nennt man **wörtliche Rede.** Am Anfang und am Ende der **wörtlichen Rede** stehen **Anführungszeichen**: „Guten Tag, Igel."

Der Wettlauf

Ich finde es toll, dass du mitmachst, Frau.
Meinst du, wir gewinnen wirklich?
Mach dir keine Sorgen.
Schade, dass wir das nicht ausprobieren konnten.
Der Hase darf uns nicht zusammen sehen!

War das ein Rennen!
Bist du denn gar nicht schlapp?
Von so einer kurzen Strecke doch nicht!
Dass du so rennen kannst mit deinen kurzen Stummelbeinen!
Gelernt ist gelernt.

1 Lest die Gespräche mit verteilten Rollen. Warum verliert der Hase?

2 Erzähle vom Gespräch *Am Mittag*. Achte darauf, wer etwas sagt:
Der Igel sagt: „Ich finde es toll, dass du mitmachst, Frau.“ . . .

3 Welche Wörter für *sagen* kennt ihr noch? Legt eine Liste an.

4 Schreibe das Gespräch *Am Abend* auf.
Verwende unterschiedliche Verben für *sagen*.
Unterstreiche den Redebegleitsatz:
Der Igel ruft: „War das ein Rennen!"

sagen
fragen
antworten
staunen
rufen

Im **Redebegleitsatz** steht, wer spricht und wie gesprochen wird.
Am Ende des **vorangestellten Redebegleitsatzes** steht ein **Doppelpunkt**.
Der Igel sagt: „Gelernt ist gelernt.“

Fabelhafte Angeber

Ich bin so stark **wie** ein Bär.
Ich bin … als alle anderen Löwen.
Ich bin der … Löwe der Welt.

die Gans
die Idee
die Krähe
der Krug
das Lamm
antworten
erreichen
meinen
sagen
durstig
klug
kurz
langsam
leer
plötzlich

Ich bin so schlau **wie** der Fuchs.
Ich bin … **als** der Hase.
Ich bin der … Igel der Welt.

Ich bin so langsam **wie** eine Schnecke.
Ich bin … **als** eine Schlange.
Ich bin die … Schildkröte der Welt.

1 Ergänze die Sätze und schreibe sie auf.

2 Unterstreiche die Steigerungsstufen der Adjektive. Rahme wie und als ein.

schön älter am höchsten kälter hart lang jünger
am klügsten tief am kürzesten schneller am besten

3 Ordne die Adjektive aus dem Kasten in eine Tabelle.

Grundstufe	Mehrstufe	Meiststufe
schön		

4 Erfinde lustige Sätze, mit denen Fabeltiere sich vergleichen können. Verwende dabei wie und als.

Viele Tiere

Denke an die Armprobe!

1 Sprich die Wörter deutlich. Welche Laute fehlen?

2 Schreibe alle Wörter mit langem Stammselbstlaut so in dein Heft:
der Wal, . . .

doppelter Mitlautbuchstabe	verschiedene Mitlautbuchstaben
die Spinne	*der Wolf*

3 Übertrage die Tabelle in dein Heft. Ordne alle Wörter mit einem kurzen Stammselbstlaut ein.

4 Zu welchen Tiernamen kannst du die Verkleinerungsform bilden?
Schreibe sie so auf: *das Spinnlein, das Kätzchen, . . .*

Nach einem **kurzen** Stammselbstlaut können mehrere Mitlautbuchstaben folgen. Hört man nur **einen Mitlaut** nach dem kurzen Stammselbstlaut, schreibt man den Mitlautbuchstaben häufig **doppelt.**

Die kluge Krähe

Eine Krähe wollte aus einem Krug trinken. Sie war sehr durstig. Aber der Krug war hoch und fast leer. Sie konnte das Wasser nicht erreichen. Sie konnte den Krug auch nicht kippen. Die Krähe überlegte und rief: „Was soll ich nur tun? Ich habe großen Durst."
✻ Plötzlich hatte sie eine Idee. Sie warf viele Steinchen in den Krug. Das Wasser stieg immer höher.
Dann konnte sie trinken.

WEIHNACHTSZEIT

1 Warum sind die Kinder auf den Dachboden gegangen?

2 Woran merkt ihr, dass bald Weihnachten ist?

3 Was gefällt dir besonders in der Vorweihnachtszeit?
Gibt es auch etwas, was du nicht so gut findest?

1 Wie geht es dem Weihnachtsmann? Was könnte er erlebt haben?

2 Denke dir eine Geschichte aus, die zu diesem Schluss passt und schreibe sie auf. Vergiss nicht, den Schluss auch abzuschreiben.

3 Finde eine passende Überschrift für deine Geschichte.

Geschichten gemeinsam besprechen

1 Worauf sollen die Kinder besonders achten, wenn sie die Geschichte besprechen?

2 Lest euch eure Geschichten gegenseitig vor. Überarbeitet sie wie die Kinder.

3 Kontrolliere deinen Text. Benutze die Quiesel-Karte und das Wörterbuch.

4 Du kannst deine Geschichte auch verschenken. Entscheide dich, wie du sie gestalten willst.

Die Bescherung

Am Nachmittag hatten die [Bild] einen schönen [Bild] gebaut.
Dann halfen sie den [Bild] zu schmücken. Sie hängten die [Bild]
und die [Bild] an die [Bild]. Nun sitzen sie am [Bild] oder schauen aus
dem [Bild]. Mit Ungeduld warten sie auf das feierliche Ereignis.
5 Ob ihre Wünsche erfüllt werden?
Wenn nur die Zeit schneller verginge! Die Spannung steigt.
Endlich klingelt das [Bild], und die [Bild] geht auf. Die Freude ist groß.
Unter dem [Bild] mit seinen brennenden [Bild] liegen viele bunte [Bild].
Und welche Überraschung:
10 Ein großer [Bild] ist auch dabei!
Schnell legen die [Bild]
noch den [Bild] und
das [Bild] für [Bild] und [Bild] dazu.

1 Habt ihr alles herausgefunden? Lest die Geschichte vor.

2 Schreibe alle Substantive für die *Bilder* auf.
Vergiss den Artikel nicht: *die Kinder, . . .*

3 Schreibe die Substantive aus dem Text heraus,
die man *nicht* malen kann: *der Nachmittag, . . .*

4 Suche im Wörterverzeichnis zehn Substantive, die man
nicht malen kann und schreibe sie auf.

Es gibt **Substantive,** die keine Lebewesen oder Dinge
bezeichnen, sondern z. B. **Gedanken, Gefühle** oder **Ideen.**

Wortfamilien SCHENKEN und DANKEN

1 Bilde mit den Wortstämmen SCHENK und DANK sinnvolle Wörter.

2 Schreibe die Wörter auf. Achte auf die Groß- und Kleinschreibung.

3 Markiere die beiden Wortstämme mit unterschiedlichen Farben.

Weihnachtsgeschenke

Oma und Opa bringen zum Weihnachtsfest
ein tolles Geschenk mit.

4 Stelle dir vor, du hast eines der Geschenke ausgepackt. Sage, wie du dich dafür bei Oma und Opa bedankst.

5 Schreibe und gestalte ein Dankkärtchen.

DANKE

Dankeschön, ...
Vielen Dank ...
Ich danke euch ...
Ich bedanke mich ...
Danke, dass ...

Weihnachtssterne

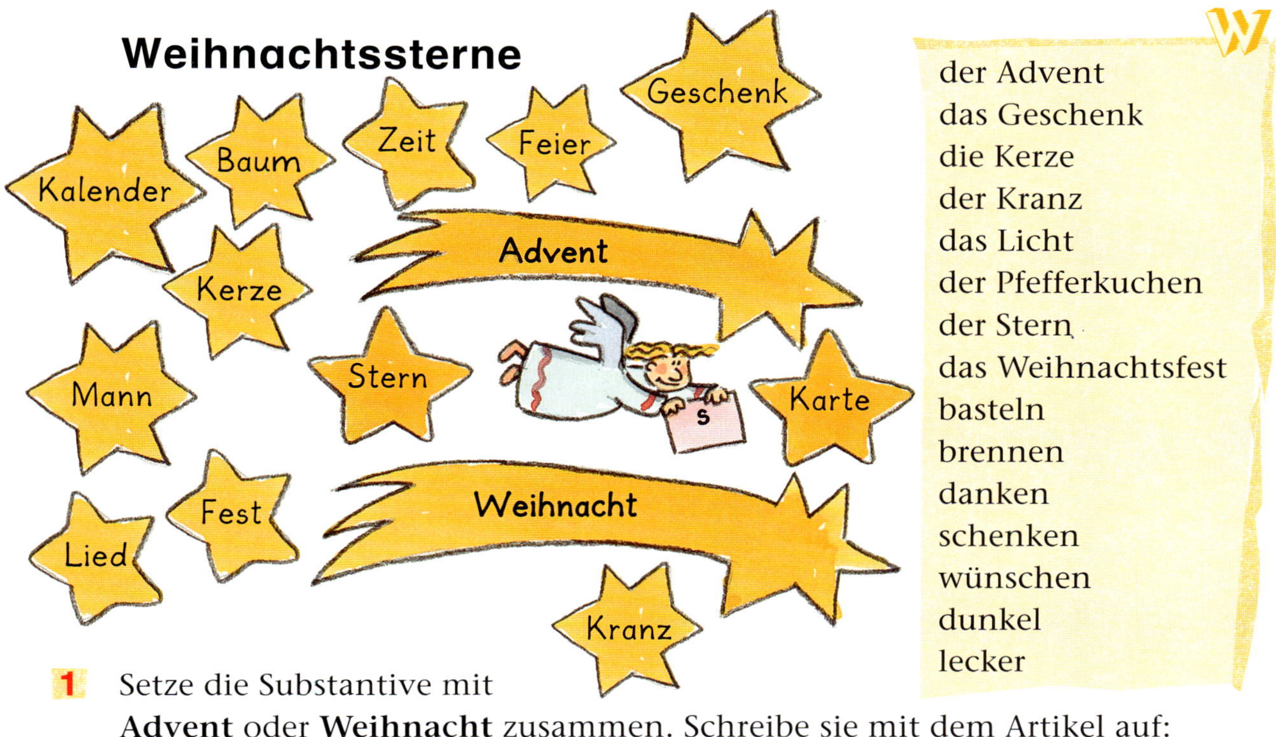

W

der Advent
das Geschenk
die Kerze
der Kranz
das Licht
der Pfefferkuchen
der Stern
das Weihnachtsfest
basteln
brennen
danken
schenken
wünschen
dunkel
lecker

1 Setze die Substantive mit **Advent** oder **Weihnacht** zusammen. Schreibe sie mit dem Artikel auf:
die Adventszeit, die Weihnachtszeit, ...

2 Markiere in jedem Wort das *s* zwischen den beiden Substantiven.

Zusammengesetzte Substantive bestehen aus dem **Grundwort** und dem ***Bestimmungswort.*** Der Artikel richtet sich nach dem Grundwort.
das *Weihnachts*geschenk – das *Geschenk*papier

Die Adventszeit

Wenn es dunkel wird, leuchten Lichter und Sterne. Am Adventskranz brennt die zweite Kerze. Lea schreibt ihren Wunschzettel. Sie wünscht sich ein Märchenbuch, neue Handschuhe und leckere Pfefferkuchen. Dann bastelt Lea für ihre Eltern ein Fensterbild. * *Dabei summt sie Weihnachtslieder. Nur der Räuchermann und der Nussknacker schauen Lea zu. Sie werden nichts verraten.*

3 Schreibe die zusammengesetzten Substantive mit ihrem Artikel auf. Unterstreiche den Artikel und das Grundwort.

1 Was mag in den Büchern stehen? Was erwartest du?

2 Welche Bücher kennst du?

3 Bringe dein Lieblingsbuch mit und stelle es der Klasse vor.

4 Welche Bücher möchtest du kennen lernen? Erkläre, warum.

Datum: 8.1.
Autor: David Macauly
Titel: Es stand einst eine Burg
Das hat mir gefallen:
Es war spannend. Vieles habe ich noch nicht gewusst. Die Bilder sind toll. Jetzt kann ich mir alles gut vorstellen.

Datum: 8.1.
Autor: Knister
Titel: Die Socken-Suchmaschine
Darum geht es:
Jonas hat morgens immer Probleme, wenn er sich anzieht. Da lernt Jonas den neuen Nachbarn kennen, einen Erfinder. Er will für Jonas eine Anziehmaschine erfinden.

Lesedatum: 8.1.
Autorin: **Astrid Lindgren**
Titel: **Die Brüder Löwenherz**

Fragen zum Buch:
Wie heißt der Junge, der die Geschichte erzählt?
Karl

Wie kommt Jonathan zu dem Namen Löwenherz?
Er hat seinem Bruder das Leben gerettet.

Wo ist Jonathan jetzt?
In Nangijala

Lesedatum: 11.1.
Autorin: **Astrid Lindgren**
Titel: **Die Brüder Löwenherz**

1 Zu welchen drei Büchern haben die Kinder ihre Lesetagebücher geschrieben?

2 Lest die Lesetagebücher und sprecht darüber.

3 Legt euch selbst ein Lesetagebuch an.

Gedankenblitze zum Thema Bücher

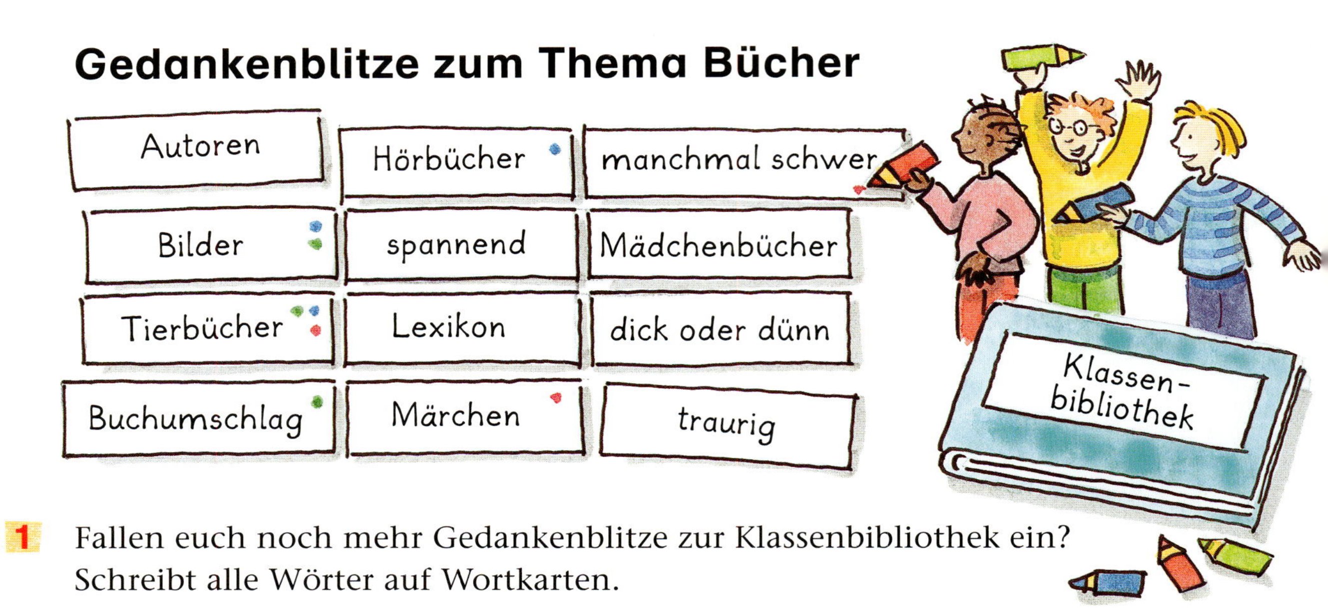

1 Fallen euch noch mehr Gedankenblitze zur Klassenbibliothek ein? Schreibt alle Wörter auf Wortkarten.

2 Welche Wortkarten sind für dich wichtig? Markiere sie mit deiner Farbe.

3 Nun sollen die Bücher in ein Regal gestellt werden. Wie können sie einsortiert werden? Begründe deine Entscheidung.

4 Erkundige dich in einer Bücherei oder Buchhandlung, welche Möglichkeiten es gibt, Bücher zu ordnen.

Bücher – Bücher – Bücher

Quiesel will in Klasse 3 eine Verleihbörse für Bücher organisieren. Dafür bringt jedes Kind einige Bücher mit, die es verleihen möchte. Damit kein Buch verloren geht, muss sich Quiesel einige Angaben notieren.

5 Überlege, welche Angaben für eure Verleihbörse wichtig sind.

6 Organisiert in eurer Klasse eine solche Verleihbörse. Legt euch dafür eine Kartei mit den wichtigsten Angaben an.

Wie entstand ein Buch?

Hurra, jetzt erreichen wichtige Informationen die Menschen schneller.

Im Mittelalter entstanden Bücher nur in den Schreibstuben der Klöster. Die Mönche verwendeten dafür Pergament 5 aus dem Orient. Sie schrieben mühsam jeden Buchstaben einzeln von anderen Büchern ab.

Buchmaler verzierten die Anfangsbuchstaben und malten Bilder hinein. Das dauerte 10 oft viele Monate, manchmal sogar Jahre. Jedes Buch war ein einzigartiges Kunstwerk und deshalb sehr wertvoll.

1 Lies. Schreibe die Wörter heraus, die du erfragen musst.

2 Bildet Expertengruppen. Erklärt euch gegenseitig die Wörter und notiert ihre Bedeutung.

Um 1450 erfand Johannes Gutenberg in Mainz den Buchdruck:

- einzelne Buchstaben seitenverkehrt aus Blei gießen
- Buchstaben zu Wörtern, Sätzen und ganzen Buchseiten in einem Rahmen zusammensetzen
- Buchstaben mit Druckerschwärze einfärben
- beliebige Anzahl von Seiten drucken

B

3 Erkläre Gutenbergs Idee vom Buchdruck. Verwende die Stichpunkte von der Pergamentrolle.

4 Was haben die Wörter **Satz**, **Letter** und **Druckfahne** mit dem Buchdruck zu tun?

Ein eigenes Buch soll entstehen

1 Ein Buch zu schreiben ist eine schwierige Arbeit. Was muss man dabei alles bedenken? Stellt euch einen genauen Arbeitsplan auf.

Texte planen mit einer *mind map*

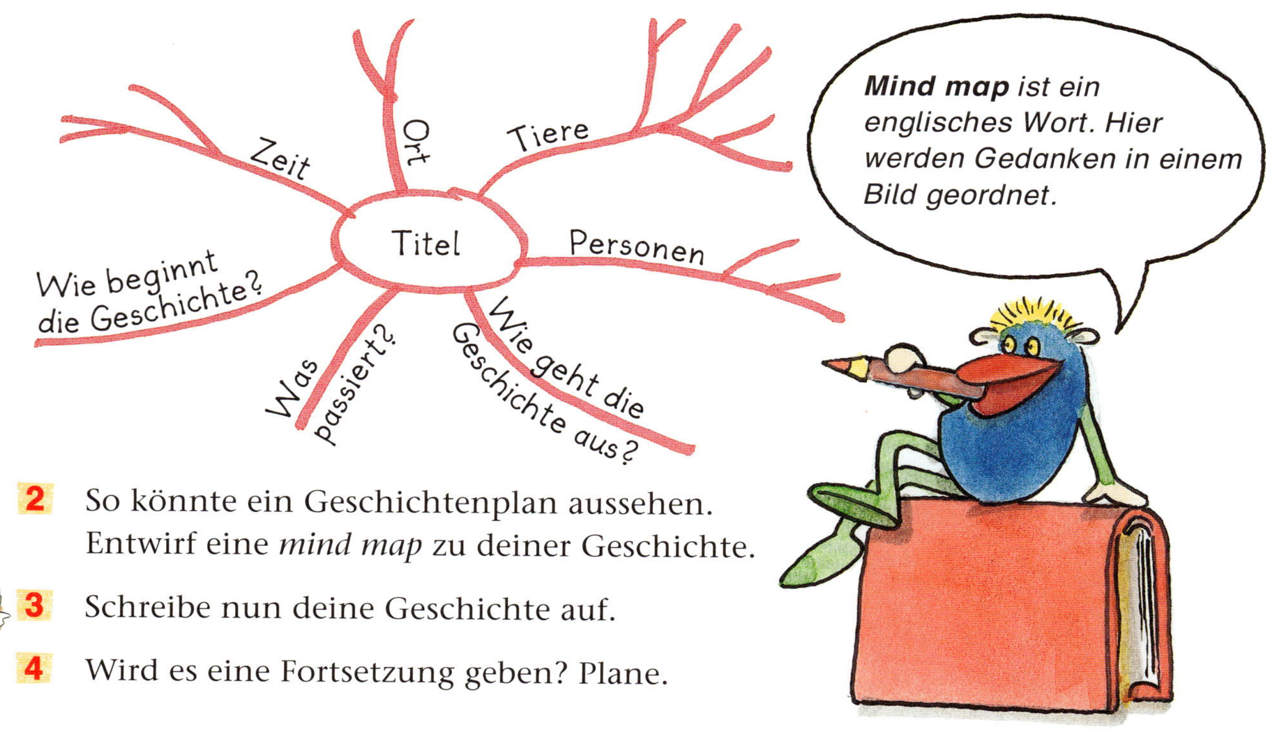

2 So könnte ein Geschichtenplan aussehen. Entwirf eine *mind map* zu deiner Geschichte.

3 Schreibe nun deine Geschichte auf.

4 Wird es eine Fortsetzung geben? Plane.

Texte überarbeiten in einer Schreibkonferenz

1 Was gefällt dem Mädchen? Welche Tipps geben die Kinder?

2 Bildet Gruppen und lest euch eure Geschichten vor.

3 Macht euch gegenseitig Vorschläge zur Überarbeitung der Texte.

Geschichten veröffentlichen

Autor: Alfred Hitchcock
Titel: Die drei ???
Gift per E-Mail
Darum geht es:
Frau Baker braucht Hilfe, weil Computerviren auf ihrem Rechner sind.
Die drei ??? geraten in einen schwierigen Fall.
Plötzlich ist ihr Leben bedroht.
Jonas

4 Besprecht, welche Gestaltung am besten zu euren Geschichten passt.

5 Gestalte deinen überarbeiteten Text.

Lesenacht

Liebe Frau Müller,
zu unserer Lesenacht am 1. Februar laden wir Sie
herzlich ein. Wir treffen uns um 19 Uhr vor der Schule.
Von dort aus geht es gemeinsam zur Bibliothek.
Hier verbringen wir die ganze Nacht. Lesen Sie
uns auch etwas vor?
Wir freuen uns schon. Ihre Klasse 3a

Einladung:
Wer wird eingeladen? (Anrede)
Was wird gemacht?
Wann fängt es an?
Wo findet es statt?
Wer lädt ein? (Gruß)

1 Lies die Einladung. Haben die Kinder an alles gedacht?

2 Was möchtet ihr bei einer Lesenacht erleben?

3 Schreibe selbst eine Einladung.

In Briefen schreibt man die **Höflichkeitsanrede** Sie, Ihr, Ihre, Ihnen **groß.**

Märchenrätsel

4 Frau Müller hat sich für die Kinder Märchenrätsel ausgedacht. Kannst du sie lösen?

5 Schreibe die Adjektive heraus. Was fällt dir auf?

der Bruder die Luft die Angst das Glück der Ärger ruhen das Wort
die Sache geizen die Sonne kleben der Schatten das Herz

6 Bilde mit den Nachsilben -ig und -lich Adjektive.
Schreibe so: *der Bruder – brüderlich, . . .*

Wörter mit ck

W

der Autor
die Autorin
die Bibliothek
die Geschichte
das Glück
die Meinung
die Stationen
das Tagebuch
der Text
ausleihen
drucken
entdecken
probieren
ruhig
schwierig

1 Schreibe die Wörter in Silben auf. Die Klatschprobe hilft dir.

2 Kreise in deinen Wörtern das **ck** ein. Was fällt dir auf?

Unsere Lesenacht

Wir trafen uns um 19 Uhr vor der Schule und liefen gemeinsam zur Bibliothek. Ein Autor las uns dort eine spannende Geschichte vor. Es waren auch einige Stationen vorbereitet. Wir konnten Spiele aus verschiedenen Büchern ausprobieren, Rätsel raten und basteln.
✻ Tom und Lisa übten eine Geschichte als Kartontheater. Anschließend lasen wir unsere Lieblingsbücher. Wer müde wurde, legte sich in seinen Schlafsack.

3 Übe die für dich schwierigen Wörter mit der Profikarte.

INDIANER

1 Betrachte das Bild leise für dich.

2 Was weißt du über Indianer?
Schreibe es auf eine Tipi-Form.

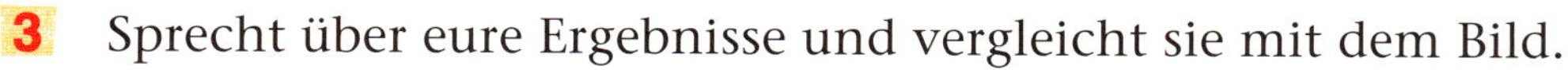

3 Sprecht über eure Ergebnisse und vergleicht sie mit dem Bild.

4 Worüber möchtet ihr noch mehr wissen?
Informiert euch in Büchern oder im Internet.

1 Beschreibt genau, welche Tätigkeiten ihr auf dem Bild seht.

2 Was mussten Indianerkinder früher lernen?
Schreibe es auf.

3 Was lernt ihr heute? Vergleiche.

Am Lagerfeuer

1 Schreibe die Namen der Kinder auf kleine Kärtchen.

2 Lest das Gespräch und überlegt, in welcher Reihenfolge die Kinder sprechen. Sortiert die Namenskärtchen.

3 Vergleicht euer Ergebnis und begründet eure Meinung.

4 Woran kann man erkennen, welche Kinder gut zugehört haben? Lest das Gespräch in verteilten Rollen. Beachtet dabei auch Quiesels Tipps.

5 Was hast du über die Indianer herausgefunden? Erzähle es deinen Mitschülern. Sprecht anschließend darüber wie die Kinder am Lagerfeuer.

Jagdglück

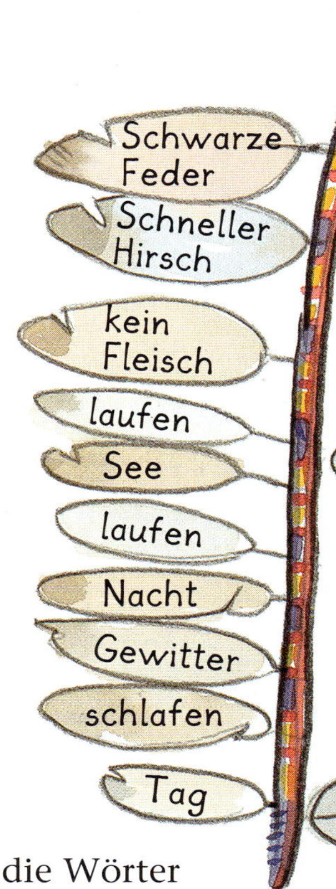

1 Was bedeuten die Bildzeichen? Verwende die Wörter aus den Federn. Male die Bildzeichen und schreibe die Bedeutung dazu:

Schwarze Feder *Schneller Hirsch* *kein Fleisch*

2 Erzählt die Geschichte. Beginnt in der Mitte.

3 Schreibe die Geschichte auf.

4 Lest euch die Geschichten vor und vergleicht sie.

5 Denke dir selbst eine Zeichengeschichte aus. Du kannst auch eigene Zeichen erfinden. Achte darauf, dass die anderen Kinder sie verstehen können.

6 Tauscht eure Geschichten aus. Lest sie gemeinsam.

Häuptling Schwarze Feder und der Bär

Gestern geschah etwas Tolles. Häuptling Schwarze Feder brachte einen Sack mit Fellen. Er stellte den Sack an einen Baum. Dann sprachen wir mit Häuptling Schwarze Feder. Wir erzählten Häuptling Schwarze Feder was wir erlebt haben. Plötzlich kamen zwei Bären. Sie packten den Sack und rannten in den Wald. Wir folgten den Bären und wollten die Felle wieder holen. Aber die Bären verschwanden mit den Fellen.

1 Lest das Tagebuch von Trapper John. Was hat er erlebt?

2 Weshalb sind einige Wörter unterstrichen? Ersetze sie durch Pronomen.

3 Schreibe den verbesserten Text auf und unterstreiche die eingesetzten Pronomen.

Merkwörter im Bild

4 Schau dir die Wörter in den Bildern an. Warum muss man sich diese besonders einprägen?

5 Gestaltet in Gruppen selbst solche Bilder. Nutzt dazu das Wörterverzeichnis. Stellt eure Ergebnisse im Klassenzimmer aus.

Was stimmt?

W

die Decke
der Indianer
die Jagd
der Pfeil
das Signal
der Stamm
erzählen
fühlen
schießen
tanzen
gefährlich
mutig
ihm
ohne
während

1 Probiere, was passt. Schreibe auf: *das Huhn – der Hahn – der Hohn, . . .*

2 Suche die Reimwörter und schreibe auf: *Kohle – Sohle, . . .*

3 Übe die Wörter mit der Profikarte.

Rauchzeichen

*Indianer konnten auch ohne Telefon Nachrichten austauschen. Alle Stämme hatten eigene Rauchsignale. Sie entzündeten ein stark rauchendes Feuer. Über den Rauch hielten sie eine Decke. Während der Rauch aufstieg, bewegten sie die Decke auf und ab. So konnten sie große und kleine Rauchwölkchen machen. * Wenn es gefährlich wurde, schickten sie einander geheime Nachrichten. Die anderen Stämme konnten ihre Nachrichten nicht verstehen.*

4 Übe den Text als Schleichdiktat.

AM BILDSCHIRM

1 Welche Geräte mit einem Bildschirm findest du hier?

2 Wie werden die Geräte genutzt?

3 Welche Geräte mit einem Bildschirm kennst du noch? Berichte.

1 Ordne diese Wörter den Erklärungen auf den Karteikarten zu.

2 Legt eine Medien-Kartei an. Auf die Vorderseite schreibt ihr das Wort, auf die Rückseite die Erklärung.

3 Schreibt weitere Karteikarten für eure Medien-Kartei.

Bildschirmträume

Ein Kind hat von Programm zu Programm geschaltet.
Aus jeder Sendung ist etwas in seinem Zimmer geblieben.

1 Sucht euch einzelne Bilder aus. Erzählt euch dazu im Erzählkreis je eine Geschichte.

2 Schreibt eure Ideen als Weitergebgeschichte auf.

3 Lest die Meinungen der Kinder zum Fernsehen.
Was meint ihr dazu?

4 Bildet Gruppen und sammelt Argumente für und gegen das Fernsehen.

5 Diskutiert darüber in einem Pro-Kontra-Gespräch.

Fernseh-Rätsel

1 Die Kinder stellen sich um. So entsteht immer ein anderer Satz. Schreibe die Sätze auf.

2 Kreise die Wörter ein, die immer zusammenbleiben.

3 Schreibe diesen Papierstreifen. Zerschneide ihn in drei Teile.

4 Schreibe alle Sätze auf, die du durch das Umstellen bilden kannst. Markiere die Satzglieder farbig.

5 Stelle die Zettel her. Bilde mit den Satzgliedern Sätze und schreibe sie auf.

6 Wie heißt das Rätselwort?

Ein Satz besteht aus mehreren **Satzgliedern.**
Ein **Satzglied** kann aus einem Wort oder aus mehreren Wörtern bestehen.
Durch **Umstellen** kannst du die Satzglieder erkennen.

Brieffreundschaft einmal anders

von: peter@New-Zealand.nz

Diese Nachricht kommt aus Neuseeland.
Mein Name ist Peter.
Ich suche eine Internet-Freundin.
Mein Briefkasten wartet auf Antwort.
Meine Adresse steht im Absender.

1 Welchen Briefkasten meint Peter? Erkläre.

2 Schreibe die Sätze ab und markiere die Satzglieder farbig:
[Diese Nachricht] [kommt] [aus Neuseeland.]

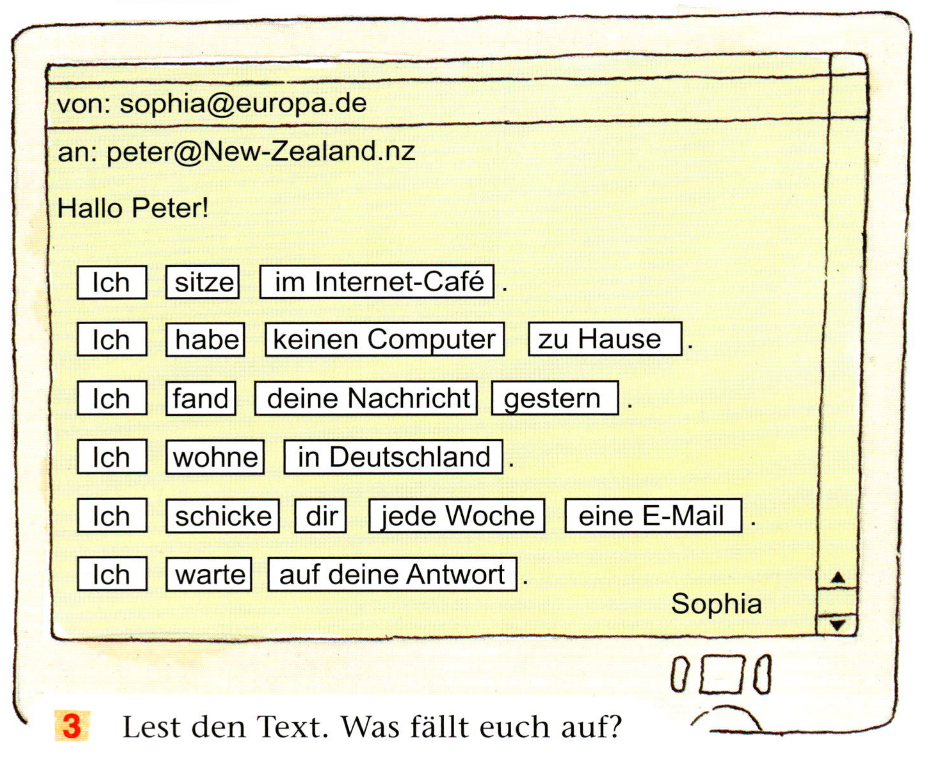

von: sophia@europa.de
an: peter@New-Zealand.nz

Hallo Peter!

[Ich] [sitze] [im Internet-Café].
[Ich] [habe] [keinen Computer] [zu Hause].
[Ich] [fand] [deine Nachricht] [gestern].
[Ich] [wohne] [in Deutschland].
[Ich] [schicke] [dir] [jede Woche] [eine E-Mail].
[Ich] [warte] [auf deine Antwort].

Sophia

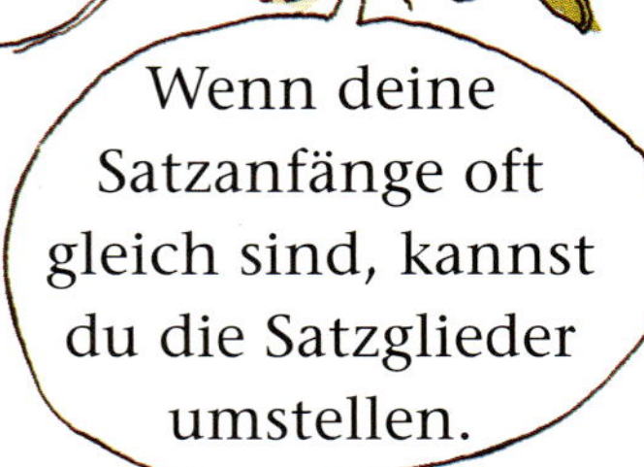

3 Lest den Text. Was fällt euch auf?

4 Stelle die Satzglieder so um, dass nur noch drei Sätze mit *ich* beginnen.

5 Schreibe deinen überarbeiteten Text auf. Vergleicht eure Texte.

Schreiben mit dem Computer

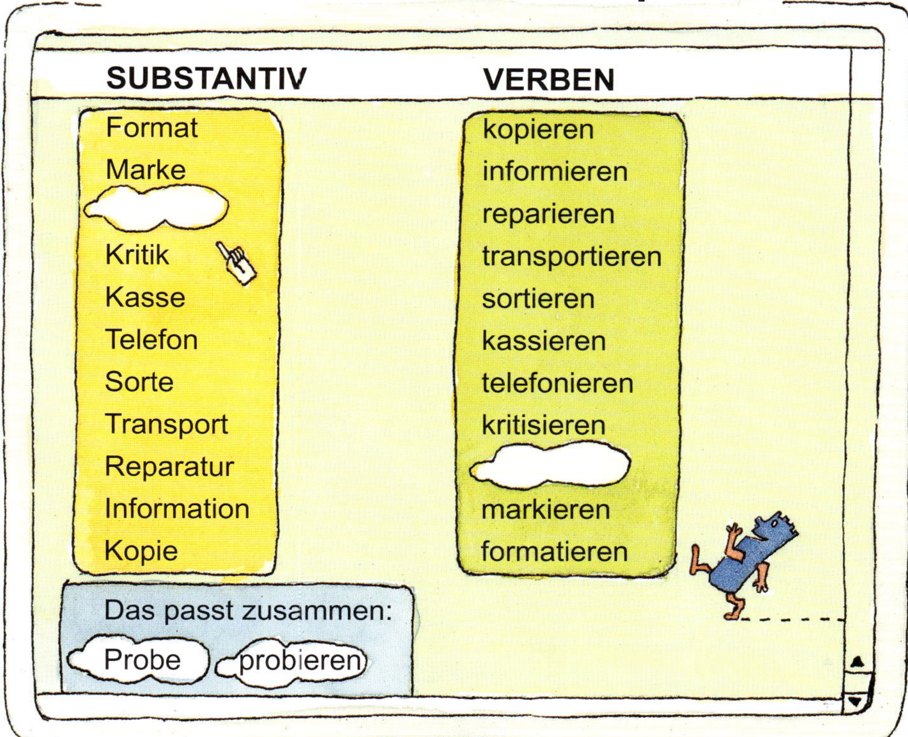

W

der Bildschirm
der Fernseher
die Festplatte
das Gerät
das Programm
das Rätsel
die Sendung
die Tastatur
bearbeiten
informieren
kopieren
telefonieren
verstehen
spannend
jetzt

1 Schreibe auf, was zusammengehört: *die Probe – probieren, . . .*

2 Was ist bei allen Verben gleich? Unterstreiche.

3 Finde heraus, was die Verben bedeuten: *probieren – versuchen, . . .*

Am Bildschirm
Lisa schaltet am Fernseher von einem Programm zum anderen. Schließlich hat sie eine Sendung über Computer gefunden. Sofort telefoniert Lisa mit ihren Freunden. Alle schalten ihre Geräte ein. Sie wollen sich informieren. Jetzt lernen sie, wie man Bilder kopieren kann und Texte bearbeitet werden.
** Am Ende der Sendung wird noch ein spannendes Spiel vorgestellt, in dem man Rätsel lösen und lustige Schriften lesen muss.*

MÄDCHEN UND JUNGEN

1 Wo möchtest du gerne mitspielen? Warum?

2 Welche anderen Spiele spielt ihr noch gerne? Berichtet.

3 Gibt es Spiele, die du lieber mit Mädchen spielst?
Gibt es Spiele, die du lieber mit Jungen spielst? Begründe.

1 Bildet Gruppen und sammelt Spielideen für einen Spielenachmittag.

2 Stellt eure Spielideen vor. Entscheidet, welche Spiele ihr spielen wollt.

3 Stellt Spielplakate für den Spielenachmittag her.

4 Bereitet einen Spielenachmittag vor.

Regeln vereinbaren

1 Erkläre, was die Kinder tun.

2 Überprüft mit dem Quiesel-Schild die Regeln der Kinder. Entscheidet, welche Regeln an die Pinnwand kommen.

3 Sammelt Regeln für *euren* Spielenachmittag.

4 Diskutiert eure Vorschläge in der Klasse. Welcher Vorschlag hat dir gut gefallen? Begründe deine Meinung.

5 Schreibt und gestaltet ein Regelplakat. Unterschreibt es alle.

Na so was

1 Bildet mit den Karten sinnvolle Sätze.

2 Schreibe die Sätze auf. Unterstreiche immer schwarz, **wer** oder **was** etwas tut: *Mein Opa ruft meine Oma an . . .*

3 Bildet lustige Sätze mit den Karten.

> Die Kinder treffen sich bei Lisa. Jonas malt ein Bild. Das Bild gefällt allen. Hannes liest eine Tiergeschichte. Marie und Lukas spielen zusammen am Computer. Plötzlich stürzt der Computer ab. Zum Glück kann Lisa helfen. Später spielen die Kinder im Garten. Müde schläft Lisa abends ein.

4 Finde mit der Frage „Wer oder was …?“ das Subjekt (Satzgegenstand) in jedem Satz. Schreibe immer die Frage und die Antwort auf: *Wer oder was trifft sich bei Lisa? die Kinder . . .*

> Das Satzglied, das auf die Frage **„Wer oder was … ?“** antwortet, ist das **Subjekt** (Satzgegenstand).

Was tut Petra?

Mann Frau Junge Mädchen
Klaus Petra

klettern weinen schreiben
stricken tanken spülen

1 Was tun diese Personen?

2 Schreibe Sätze zu den Bildern. Die Wörter aus dem Kasten helfen dir.

3 Welches Satzglied sagt, was die Personen tun? Unterstreiche es rot:
Der Mann spült . . .

Kinder in unserer Klasse
Maria liest gerne Krimis. Peter kauft lieber Pferde-Bücher. Jonas spielt am liebsten Fußball. Tanja hüpft gerne Gummitwist. Rica erzählt gerne von ihren Katzen. Tim schimpft immer gleich. Olga lacht gerne. Till und Anja helfen bei den Hausaufgaben.

4 Lies, was die Kinder tun. Frage mit „Was tut ...?“ oder „Was tun ...?“ nach dem Prädikat (Satzaussage).

5 Schreibe zu jedem Satz die Frage und die Antwort auf. Unterstreiche das Prädikat (Satzaussage) rot: *Was tut Maria gerne? Sie liest* . . .

6 Was tun die Kinder in eurer Klasse? Schreibe es auf.
Unterstreiche das Prädikat (Satzaussage) rot.

Das Satzglied, das auf die Frage **„Was tut ...?“** oder **„Was wird über ... ausgesagt?“** antwortet, ist das **Prädikat** (Satzaussage). **Subjekt** und **Prädikat** bilden den **Satzkern.**

Bingo!

W

das Boot
die Brücke
das Fahrrad
das Haar
die Idee
die Jacke
das Meer
das Paar
klettern
pflanzen
sammeln
stricken
dann
schließlich
später

1. Setze **aa**, **ee** oder **oo** ein. Schreibe die Wörter auf.
2. Lass dir die Wörter, die du nicht kennst, erklären.
3. Falte einen Bingo-Plan mit 16 Feldern. Trage alle Wörter ein.
4. Spielt Bingo. Es wird nacheinander gewürfelt. Lege eine Büroklammer auf ein Wort, das zu den gewürfelten Buchstaben passt. Wer vier Büroklammern in einer Reihe hat, ruft: „Bingo!“

Lisa und Jonas

Lisa kann später ihre Haare färben oder Boote bauen. Sie kann auf Berge klettern oder in den Weltraum fliegen. Jonas kann um die Erde reisen oder Brücken bauen. Er kann Jacken stricken oder die Meere befahren. Aber Jonas bleibt immer Jonas, und Lisa bleibt immer Lisa.
✻ Jonas und Lisa können schließlich später auch ein Paar werden und gemeinsam Ideen für Computerspiele erfinden.

5. Übe den Text als Schleichdiktat.
6. Übe die Wörter, die du noch nicht richtig kannst, mit der Profikarte.

FAHRZEUGE

1 Zu welchen Fahrzeugen gehören die Schilder?

2 Stelle dir vor, du bist der Museumsführer. Sprich zu den Schildern in Sätzen.

3 Über welches Fahrzeug kannst du noch etwas erzählen?

4 Wie hat sich das Leben der Menschen durch die Erfindungen verändert?

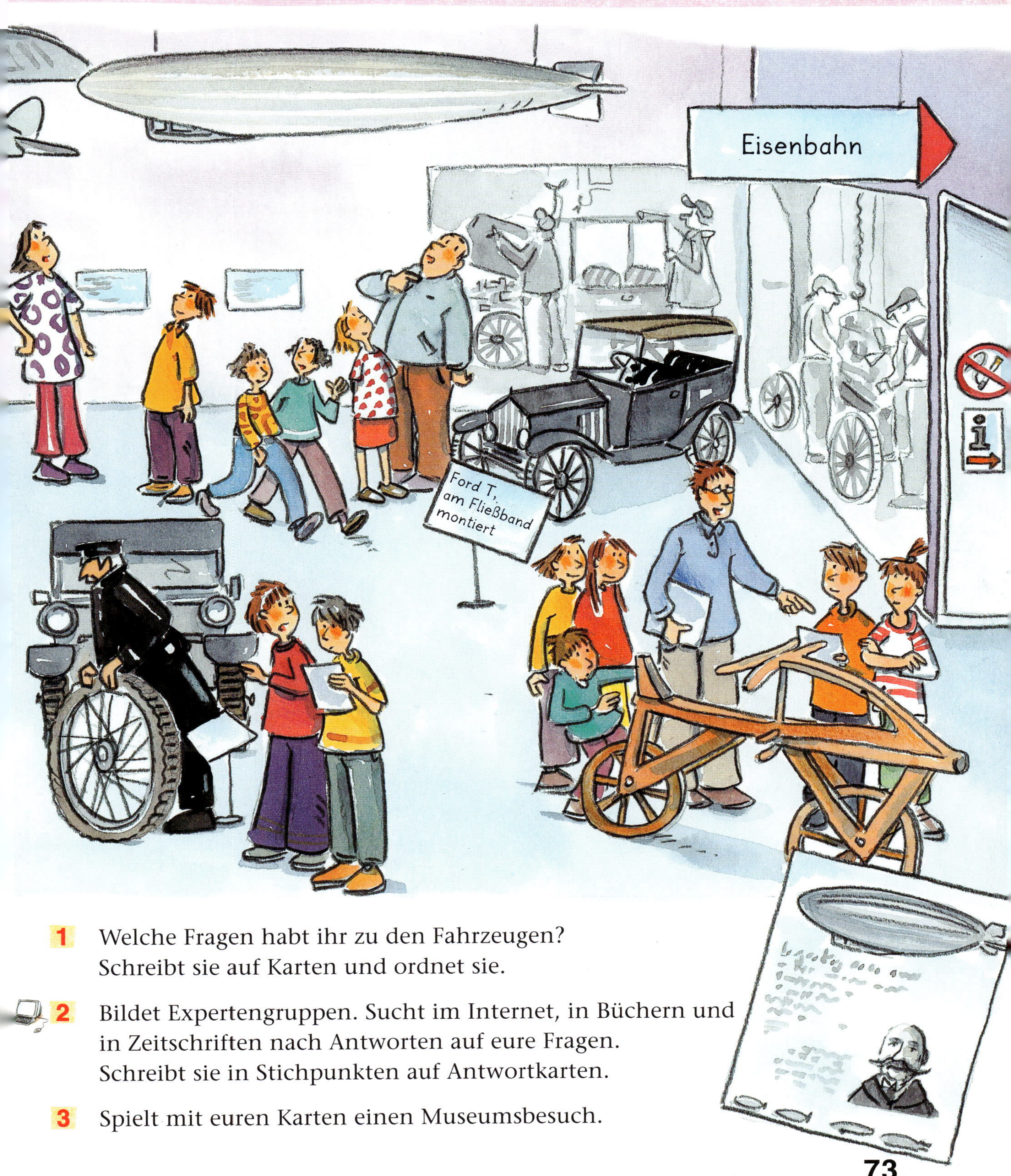

1 Welche Fragen habt ihr zu den Fahrzeugen? Schreibt sie auf Karten und ordnet sie.

2 Bildet Expertengruppen. Sucht im Internet, in Büchern und in Zeitschriften nach Antworten auf eure Fragen. Schreibt sie in Stichpunkten auf Antwortkarten.

3 Spielt mit euren Karten einen Museumsbesuch.

Textaufgaben

Im Jahr 1869 fand ein Radrennen von Paris nach Rouen statt. 207 Fahrer fuhren in Paris los. Leider kamen nur 98 Fahrer an. Weil die Straßen noch schlecht waren, benötigten die Radfahrer für die 120 km lange Strecke 10 Stunden. Pünktlich um 18 Uhr erreichten die erschöpften Fahrer das Ziel. Die Menschen in Rouen feierten die sensationelle Leistung ihrer Radhelden. Jeden Fahrer ließen sie im Ziel dreimal hoch leben. Die Hälfte der Ankömmlinge rührte allerdings kein Fahrrad mehr an. Warum wohl?

1 Lies den Text. Lege eine Folie auf und unterstreiche wichtige Angaben.

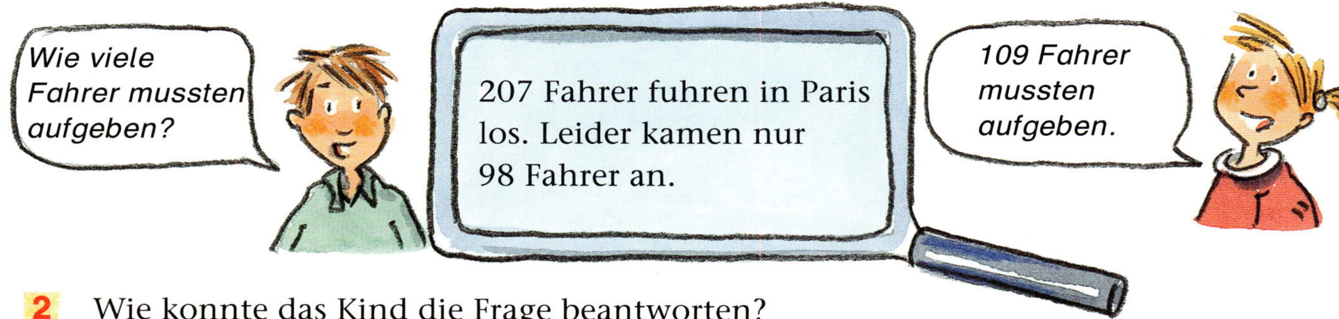

2 Wie konnte das Kind die Frage beantworten?

benötigten die Radfahrer für die 120 km lange Strecke 10 Stunden. Pünktlich um 18 Uhr erreichten die erschöpften Fahrer das Ziel.

3 Nutze diese Angaben für eine Textaufgabe.

4 Schreibe eine passende Frage auf. Schreibe auch die Antwort auf.

5 Bilde mit einem Partner ein Reporter-Team. Lest den Text als spannende Reportage vor.

Spiele für unterwegs

1 Wie geht das Spiel der Eltern? Wie können sie weitermachen?

Schulbus | Polizeiauto | Straßenverkehr | Laufrad

2 Sucht euch ein Wort aus und findet zu zweit lange Wörtertreppen. Schreibt sie auf.

3 Sucht euch einen Oberbegriff aus. Sagt abwechselnd immer ein Wort, das zu dem Oberbegriff passt. Wer kein neues Wort mehr weiß, scheidet aus.

4 Mache ein Gitterrätsel:
Schreibe möglichst viele Wörter zu *einem* Oberbegriff auf ein kariertes Papier. Fülle zum Schluss die leeren Kästchen mit Buchstaben aus.

				J				
			T	A	X	I		
				C				
				H				
		J	E	T				

5 Tauscht eure Rätsel aus und löst sie gegenseitig. Findet auch die passenden Oberbegriffe.

Falsch oder richtig?

Beim Radfahren zu schlafen ist ungefährlich.
Verkehrsregeln sind unnötig.
Ein ungeputztes Auto ist unsauber.
Ein guter Busfahrer fährt unsicher.
Ein abgelaufener Fahrschein ist gültig.
Viele dieser Sätze sind wahr.

1 Lies die Sätze. Welche Aussagen stimmen nicht?

2 Ändert die Adjektive so, dass alle Sätze stimmen.

wahr freundlich deutlich schnell pünktlich klein
angenehm sauer gültig zufrieden gerecht sicher

3 Finde jeweils das Gegenteil. Die Vorsilbe *un-* kann dir helfen.
Schreibe so: *wahr – unwahr, . . .*

4 Drehe das linke Rad. Bilde sinnvolle Wörter und schreibe sie auf.

5 Bilde mit einigen Wörtern Sätze und schreibe sie auf.

6 Drehe nun auch das rechte Rad. Schreibe sinnvolle Wörter auf.

Vorsilben verändern die Bedeutung eines Wortes.

Wortstamm FAHR

W

die Eisenbahn
die Fahrt
das Fahrzeug
das Flugzeug
die Führung
das Museum
der Verkehr
abfahren
fahren
interessieren
organisieren
pünktlich
umsteigen

1 Bilde zusammengesetzte Substantive. Schreibe Sie mit dem Artikel auf.

2 Markiere den Wortstamm FAHR: *die Tagesfahrt*, . . .

3 Rahme das Grundwort ein. Was stellst du fest?

Eine Tagesfahrt nach Dresden
*Tina ist aufgeregt. Am Wochenende fährt sie mit ihrer Familie nach Dresden. Die Fahrkarten für die Zugfahrt hat sie gestern mit ihrem Vater gekauft. Um 8.06 Uhr werden sie abfahren. Sie müssen nicht umsteigen. Am meisten freut sich Tina auf das Verkehrsmuseum. Sie möchte sich die alten Autos ansehen und noch mehr über die ersten Flugzeuge erfahren. * Ihr Vater ist auch schon ganz ungeduldig. Er interessiert sich für die neue Eisenbahnausstellung. Für den Nachmittag hat Mutti eine Führung in der Autofabrik organisiert.*

WÖRTERDETEKTIVE

... Fäuste ...

... Sportler ...

... Tier ...

... bellen ...

Mein Teekessel hat zwei Beine.

Mein Teekessel hat vier Beine.

Detektiv-Club

Pf...
– ist hart
– darauf geht man
– besteht aus vielen Steinen

B...
– dort gibt es viel Geld
– wichtig zum Sparen

Sch...
– ist ein Behälter
– Obst kommt rein

B...
– darauf kann man sitzen
– steht oft im Park

Pf...
– ist weich
– klebt man au
– braucht man bei Wunden

Sch...
– ist außen herum
– schützt die Frucht

T...
– wichtig für manche Ballspiele
– hat ein Netz

T...
– offen/geschlossen
– beweglich

1 Welches Spiel spielen die Wörterdetektive? Erklärt die Spielregeln.

2 Wie können die beiden Detektive ihre Teekesselchen beschreiben?

3 Spielt das Spiel. Lest dazu die Karten auf dem Tisch.

1 Immer zwei Bilder passen zum selben Wort. Findet das Wort heraus und erklärt seine beiden Bedeutungen.

2 Löse die Detektivaufgabe von Mister X und zeichne die Bilder.

3 Schreibe zu jedem deiner Bilder einen Satz.

Jetzt wird es spannend

1 Seit einiger Zeit verschwanden Lebensmittel aus dem Bauwagen. Lukas wollte den Dieb fangen. Am Abend ging er zum Bauwagen und versteckte sich. Es war dunkel im Raum. Da hörte er ein Geräusch. Jetzt fiel etwas auf den Boden. Lukas schaltete seine Taschenlampe ein. Ein Eichhörnchen
5 verschwand durch das offene Fenster.

1 Seit einiger Zeit verschwanden auf geheimnisvolle Weise Lebensmittel aus dem Bauwagen. Lukas wollte den frechen Dieb fangen. Am Abend schlich er sich zum Bauwagen und versteckte sich. Es war stockdunkel im Raum. Plötzlich hörte er ein Geräusch. Jetzt polterte etwas auf den Boden.
5 Hastig schaltete Lukas seine Taschenlampe ein. Ein buschiger, rothaariger Schwanz huschte durch das offene Fenster. Der geheimnisvolle Dieb war ein hungriges Eichhörnchen.

1 Welche Geschichte findest du spannender? Warum?

2 Schreibe die spannenden Stellen heraus.
Vergleiche dafür Satz für Satz.

3 Spielt das Geschichtenspiel: Schreibt die Wörter auf Karten.
Zieht drei Karten und schreibt dazu eine spannende Geschichte.

4 Überprüft, ob ihr die drei Wörter von den Karten verwendet habt.
Unterstreicht die Wörter im Text.

5 Lest eure Geschichten vor. Überprüft gemeinsam, ob sie spannend sind.

Kann eine Nase laufen?

1 Was ist hier gemeint? Erkläre.

Die Bäume schlagen aus.

Die Uhr geht richtig.

Jemand einen Bären aufbinden.

2 Suche dir einen bildhaften Ausdruck aus und male ein Bild dazu.

3 Suche weitere bildhafte Ausdrücke. Male sie und lasse sie von anderen Kindern erraten.

Emma kann mit dem Magnet Büroklammern ___ .
Jonas will seine neue Jacke nicht ___ .
Wer eine Brennnessel anfasst, dem ___ die Hand.
Die Feuerwehr kommt, wenn das Haus ___ .
Lea ___ sich beim Vorlesen ihrer Zungenbrecher.
Lisa ___ Hannes, ihm bei den Hausaufgaben zu helfen.
Der Schütze ___ mit dem Pfeil ins Ziel.
Marie ___ heute ihren Freund Leon.

4 Zu jedem Satzpaar passt ein Wort aus der Lupe. Schreibe die Sätze auf.

5 Erkläre die unterschiedlichen Bedeutungen der Verben.

Geheime Botschaften

W

der Brief
der Detektiv
der Dieb
der Klub
die Stimme
aufhängen
biegen
entschlüsseln
essen
pfeifen
siegen
träumen
geheim
gestern
letzte

1 Kannst du diese Geheimschrift entschlüsseln? Die Detektiv-Scheibe hilft dir. Schreibe die Botschaft richtig auf: *Hallo!* . . .

2 Bastelt eine Detektiv-Scheibe und schreibt euch geheime Botschaften.

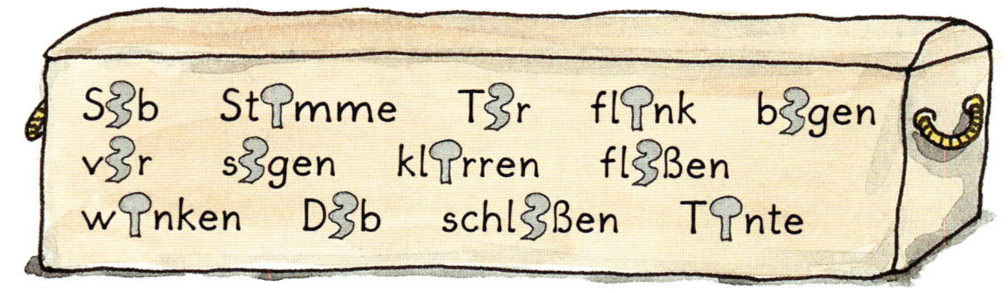

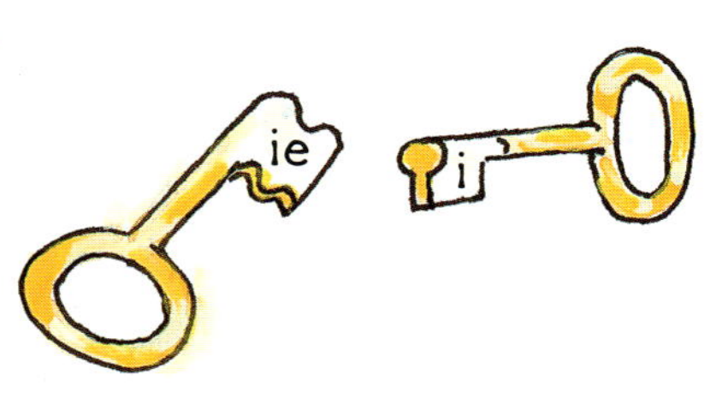

3 Überprüfe mit Hilfe der Armprobe, ob das **i** lang oder kurz klingt.

4 Ordne die Wörter in eine Tabelle ein:

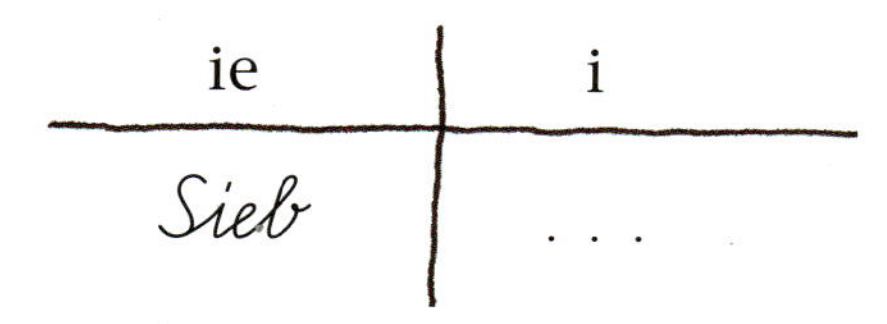

ie	i
Sieb	. . .

Was ist das?

1 Schreibe die zusammengesetzten Substantive mit drei gleichen Buchstaben auf. Unterstreiche die drei gleichen Buchstaben.

2 Trenne alle Wörter so: *Schiff-fahrt, . . .* Unterstreiche die getrennten gleichen Buchstaben mit verschiedenen Farben.

Hat es geschmeckt?
*Die Detektive wollen ein Schattenspiel einüben. Vater hängt dazu ein Betttuch auf und schließt die Lampe an. Da gibt es einen Knall. Er braucht Hilfe. Lea steht am Fenster und schaut verträumt zum Birnbaum hinaus. Sie hört Vater rufen: „Höre auf zu träumen und hole mir bitte eine Birne aus dem Haus!“ * Lea dreht sich herum und antwortet: „Da sind keine mehr. Tom und ich haben alle aufgegessen.“ Vater lacht und will den Arzt anrufen.*

1 Wie erleben die Kinder den Wald bei ihrer Exkursion „Der Natur auf der Spur"?

2 Welche Bäume und Tiere kannst du entdecken? Zähle auf.

3 Was wollt ihr noch wissen? Sammelt Informationen zu den Pflanzen und Tieren. Berichtet in der Klasse.

4 Wie könnt ihr der Natur auf der Spur sein? Plant ein Vorhaben.

Setze dich mit verbundenen Augen hin. Achte auf Geräusche. Zeige in die Richtung, aus der das Geräusch kommt.

Legt 10 Dinge, die ihr im Wald gefunden habt, auf ein Tuch. Merkt euch jedes Teil. Deckt die Fundsachen zu. Wer kann alle Teile aufzählen?

Taste dich mit geschlossenen Augen am Seil entlang. Achte darauf, was du fühlst, hörst und riechst.

1 Zu welchen Stationen passen die Aufgabenkarten?

2 Sammelt weitere Ideen für Aufgabenkarten.

3 Fertigt die Aufgabenkarten an und probiert sie aus.

mind map!

Im Wald

1 Wer verhält sich richtig, wer verhält sich falsch? Begründe.

2 Schreibt kurze Aufforderungssätze für ein Wald-Plakat.
Beachtet die Tipps der Kinder.

3 Gestaltet euer Plakat und hängt es aus.

4 Sprecht mit anderen Kinder darüber, wie euer Plakat wirkt.

Tiere im Wald

die Ameise
der Fuchs
die Kröte
das Kaninchen
das Reh
die Eule
der Igel
die Schnecke

jeden Tag
im Frühling
am Abend
heute
in der Nacht
im Winter
nachts
jeden Morgen

auf einem Ast
in einer Pfütze
vor dem Bau
in einem Laubhaufen
auf dem Waldboden
auf einem Waldpilz
im warmen Sand
zwischen den Bäumen

sitzt
schläft
liegt
steht
wartet
lebt
krabbelt
kriecht

1 Welche Sätze könnt ihr bilden?
Nennt einige Beispiele. Was stellt ihr fest?

2 Ordne den Laubblättern die Fragen zu:
Wer oder was? … tut was?
Wann? Wo?

Wer oder Was?	Die Ameise
… tut was?	krabbelt
Wann?	jeden Tag
Wo?	auf dem Waldboden.

… tut was?	Krabbelt
Wer oder Was?	die Ameise
Wann?	jeden Tag
Wo?	auf dem Waldboden?

Wann?	Jeden Tag
… tut was?	krabbelt
Wer oder Was?	die Ameise
Wo?	auf dem Waldboden.

Wo?	Auf dem Waldboden
… tut was?	krabbelt
Wer oder Was?	die Ameise
Wann?	jeden Tag.

3 Bastle eins der Klappbücher.

4 Tauscht eure Bücher aus und schreibt sinnvolle Sätze auf.

5 Lest euch gegenseitig lustige Sätze vor.

Sätze können wir erweitern. Satzglieder können wir umstellen.

Tiere beobachten

Der Hase hoppelt vom Waldrand zu der Wiese. Beim hohem Gras bleibt der Hase stehen. Das Eichhörnchen klettert am Baumstamm hinab. Das Eichhörnchen ist ein flinker Kletterer. Zwei Enten fliegen zum flachen Teich in der Wiese. Zwei Enten stecken ihre Köpfe in das Wasser, um zu
5 fressen. Ein Erpel schwimmt ans Ufer. Der Erpel hat den Fuchs noch nicht entdeckt. Die Kinder beobachten alles ganz genau. Die Kinder sind ganz leise.

1 Lies den Text leise durch.

2 Warum wurden Wörter unterstrichen? Sprecht darüber.

3 Ersetze die markierten Substantive durch Pronomen. Schreibe den Text auf.

Wörter unter der Lupe

4 Schreibe die markierten Wörter auf und kreise das **i** ein.

5 Macht für das **i** die Armprobe. Was stellt ihr fest?

6 Übe die Wörter mit der Profikarte.

Tierrätsel

Es ist scheu und hält sich da auf, wo der Wal_ besonders dich_ ist. In der Nach_ holt es oft Mais vom Fel_. Seine gestreiften Jungen kommen im April zur Wel_. Wenn das Tier Gefahr wittert, kann es sehr wil_ werden. Es hat viel Kraf_. Wüten_ greift es den Fein_ an.

1 Welches Tier ist hier gemeint?

2 Schreibe den Text vollständig ab. Verlängere die _-Wörter, um zu hören, ob am Ende ein **d** oder **t** steht: *Wälder – Wald, . . .*

W

der Biber
das Blatt
das Geräusch
das Kaninchen
die Maschine
der Wald
der Zapfen
der Zweig
beobachten
knabbern
aufmerksam
bunt
gelb
stark
vorbei

3 Musst du **b** oder **p**, **d** oder **t**, **g** oder **k** einsetzen?
Verlängere die Wörter und schreibe sie auf: *Felder – Feld, wilder – wild, . . .*

Im Wald

*Vera geht gern mit ihrem Vater wandern. Am Sonntag liefen sie über einen Feldweg zum Waldrand. Dort setzten sie sich auf eine bunte Decke und lauschten den Vögeln und Insekten. Plötzlich hörten sie ein Geräusch. Eine Meise flog von einem kräftigen Ast auf einen Zweig und dann auf die alte Bank neben Vera. * Hier sang der Vogel mutig und laut sein Lied. Veras Vater kramte leise im Rucksack. Er wollte ein Foto von dem frechen Sänger machen.*

VILLA GÄNSEHAUT

1 Was findest du an der Villa Gänsehaut unheimlich?

2 Wie könnte die Villa von innen aussehen? Denkt an Schlafzimmer, Bibliothek, Keller, …

3 Male einen Raum der unheimlichen Villa.

1 Erzählt eine Geschichte zu diesem Bild. So könnt ihr beginnen:
Ängstlich gehen Tina und Paul durch das Tor. Dann klingeln sie vorsichtig an der Tür. Die Tür öffnet sich knarrend. …

2 Sammelt Wörter, die Geschichten besonders spannend machen.
Schreibt sie auf.

Schnüffel im Geisterhaus

Einleitung
Wann passiert es?
Um wen geht es?
Wo passiert es?

Hauptteil
Jetzt wird es spannend:
Was ereignet sich?
Wie kommt es dazu?

Schluss
Wie endet
die Geschichte?

Es wurde langsam dunkel. Tina und ihr Bruder Paul gingen mit ihrem Hund Schnüffel spazieren.

Plötzlich war Schnüffel in der Villa verschwunden. Tina und Paul schlotterten. „Wir müssen da hinein“, sagte Tina und zog Paul ins Haus. Überall suchten sie nach Schnüffel.

„Bestimmt ist Schnüffel dort oben“, dachten die Kinder.

Die Kinder und der Hund kamen zur Villa Gänsehaut.

Wie von Geisterhand öffnete sich neben ihnen eine Schranktür. Beide stiegen ängstlich in den Schrank.

Vorsichtig schlichen sie hinauf. Da sprang ihnen Schnüffel fröhlich entgeger

Da fiel die Schranktür zu. Im Dunkeln entdeckten sie hinter dicken Pelzmänteln eine Treppe.

1. Lies vor, was in den Bilderrahmen steht. Aus welchen drei Teilen besteht eine Geschichte?
2. Welche Tapetenstücke passen zu Einleitung, Hauptteil, Schluss?
3. Schreibe die Geschichte vollständig auf. Lass zwischen den drei Teilen immer eine Zeile frei.

Besuch im Labor

Ich bereite ein Experiment vor.
Hoffentlich nicht mit unserem Hund!
Nein, es funktioniert nur bei Menschen.
Hat es was mit den Fläschchen zu tun?
Ja, ihr dürft gleich mal probieren.

1 Was entdecken die Kinder?

2 Wer sagt was? Lest das Gespräch mit verteilten Rollen. Spielt es nach.

3 Schreibe das Gespräch auf. Verwende in den Redebegleitsätzen die Verben aus dem Krokodil: *Professor Surkenhorst fragt: „Wer wagt es, in mein Reich einzudringen?"*

4 Suche ein Fläschchen aus und schreibe dazu eine spannende Geschichte.

5 Markiere in deinem Text Einleitung und Schluss.

6 Lest eure Geschichten vor. Überlegt gemeinsam, ob sie spannend sind.

Die verzauberte Küche

Der Kochlöffel rührt in der Suppe.

Die Spagetti stehen im Topf.

Das harte Ei springt in den Eierbecher.

Ein Besen fegt den Schmutz.

Der Stuhl geht zum Tisch.

Teller und Tassen klettern auf den Tisch.

Schnüffel trinkt.

1 Was ist hier anders als in eurer Küche zu Hause?

2 Schreibe die Sätze ab.

3 Unterstreiche in jedem Satz das Subjekt (Satzgegenstand) schwarz. Du findest es mit der Frage: „Wer oder was …?“

4 Unterstreiche in jedem Satz das Prädikat (Satzaussage) rot. Du findest es mit der Frage: „Was tut …?“

5 Schreibe lustige Sätze.

6 Unterstreiche in jedem Satz das Subjekt (Satzgegenstand) schwarz und das Prädikat (Satzaussage) rot.

Tropische Erfindungen

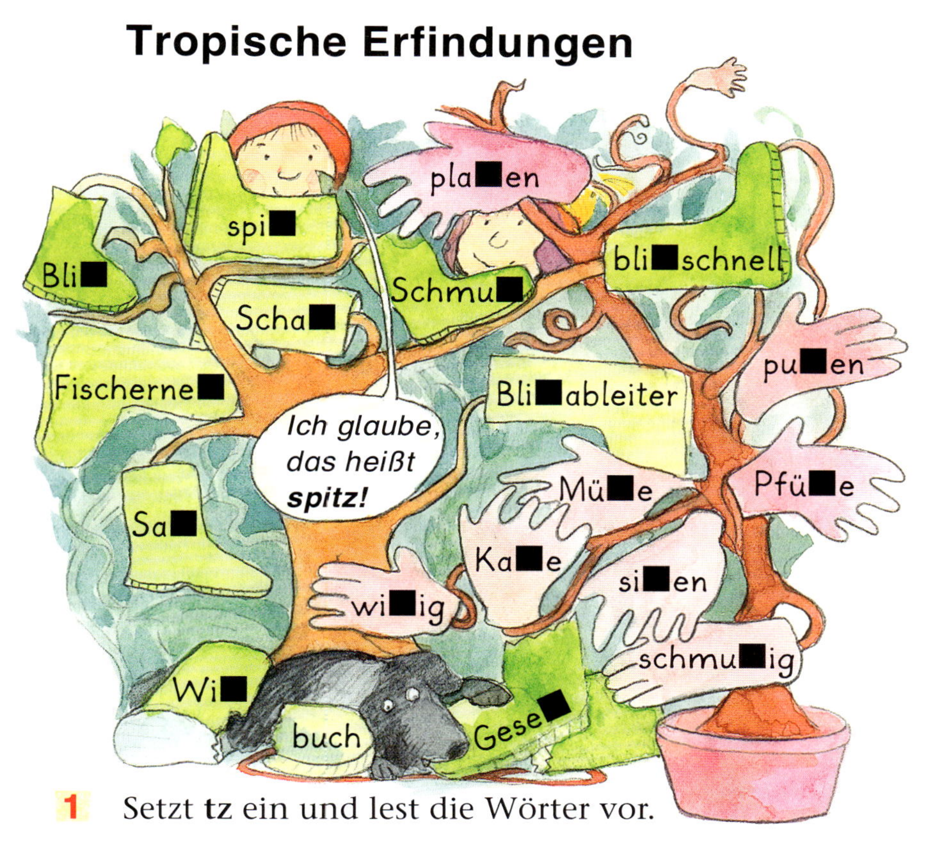

W

der Abschied
der Blitz
die Katze
der Mond
der Professor
das Pulver
erklären
erschrak
erschrecken
flüstern
kratzen
platzen
erleichtert
gruselig
spitz
plötzlich

1 Setzt **tz** ein und lest die Wörter vor.

2 Schreibe alle Wörter auf. Markiere immer das **tz**.

3 Welche Wörter kannst du trennen? Schreibe sie so auf: *Witz - buch, . . .*

Der Abschied
*Der Mond leuchtete gelb und rund durch die trüben Glasscheiben. Paul erschrak: „Wir müssen heim, Tina. Wo ist denn Schnüffel?“ Durch die dunklen Räume tasteten sie sich zurück. Im Treppenhaus hörten sie plötzlich eine Stimme: „Wohin so eilig?“ Das Licht ging an. Der Professor stand mit Schnüffel an der Treppe. Tina war erleichtert. * Sie rief fröhlich: „Komm schnell, Schnüffel!“ Sie gingen zur Haustür. Der Professor sagte: „Besucht mich mal wieder.“ Zum Abschied schenkte er Paul eine große Tüte mit Hausaufgabenpulver.*

4 Übe die für dich schwierigen Wörter mit der Profikarte.

1 Was passiert im Park?

2 Mit wem könnte der Mann telefonieren? Spielt das Gespräch.

3 Was denkt das Kind? Vermute.

1 Lies die Wörter in den Drachen.
Welche Wörter passen nicht zu den Drachen?

2 Wähle einen Drachen aus, den du beschreiben willst.
Mache dir Stichpunkte. Die Wörter auf den Drachen helfen dir.

3 Beschreibe deinen Drachen. Verwende die Stichpunkte.

Der Drache im Garten

1 Erzähle die Geschichte.

2 Sammle Adjektive, die die Gefühle des Vaters beschreiben.

3 Spielt die Geschichte. Macht die Gefühle des Vaters deutlich.

4 Schreibe die Bildergeschichte auf.

5 Überarbeitet eure Geschichten in einer Schreibkonferenz.
Sind die Gefühle des Vaters gut beschrieben?

Drachenwörter

Grundform	Personalform im Präsens	Personalform im Präteritum
lassen	*er lässt*	*er ließ*

Ist das schwierig! Gut, dass ich ein Wörterverzeichnis habe.

1 Lies die Tabelle und übertrage sie in dein Heft.

2 Ordne alle Drachenwörter in die Tabelle ein.

3 Suche die fehlenden Verbformen im Wörterverzeichnis und ergänze.

4 Die Drachen haben die Wörter vernebelt und verdreht. Finde die Reimwörter und schreibe sie untereinander ins Heft.

5 Markiere die Mitlauthäufung im Auslaut.

6 Erfinde mit den Reimwörtern ein Drachengedicht.

Acht , Drachen!

Ritter Fürchtenix war bekannt für seine Klug und Tapfer . Eines Tages machte er im Wald auf einer Licht eine seltsame Entdeck . Fürchtenix stellte mit Verwunder fest, dass sein Pferd plötzlich scheute. Er ritt hinter einen großen Felsen in Deck und beobachtete mit besonderer Aufmerksam die Umgeb . Auch in weiter Entfern war nichts zu sehen. Voller Spann lauschte Fürchtenix aber einem eigenartigen Geräusch. Es klang wie Donnergrollen und Sturmgetöse. Was konnte das nur sein? Fürchtenix überlegte mit aller Gründlich , was bei ihm keine Selten war. Er hatte keine Schwierig und erkannte mit Schnellig und Klar die Lös .

1 Der Drache hat Dampfwölkchen hinterlassen. Schreibe die Substantive mit den richtigen Nachsilben so in dein Heft: *Achtung, Klugheit, . . .*

2 Markiere die Nachsilben.

Wörter mit den Nachsilben **-ung, -heit** und **-keit** sind Substantive.

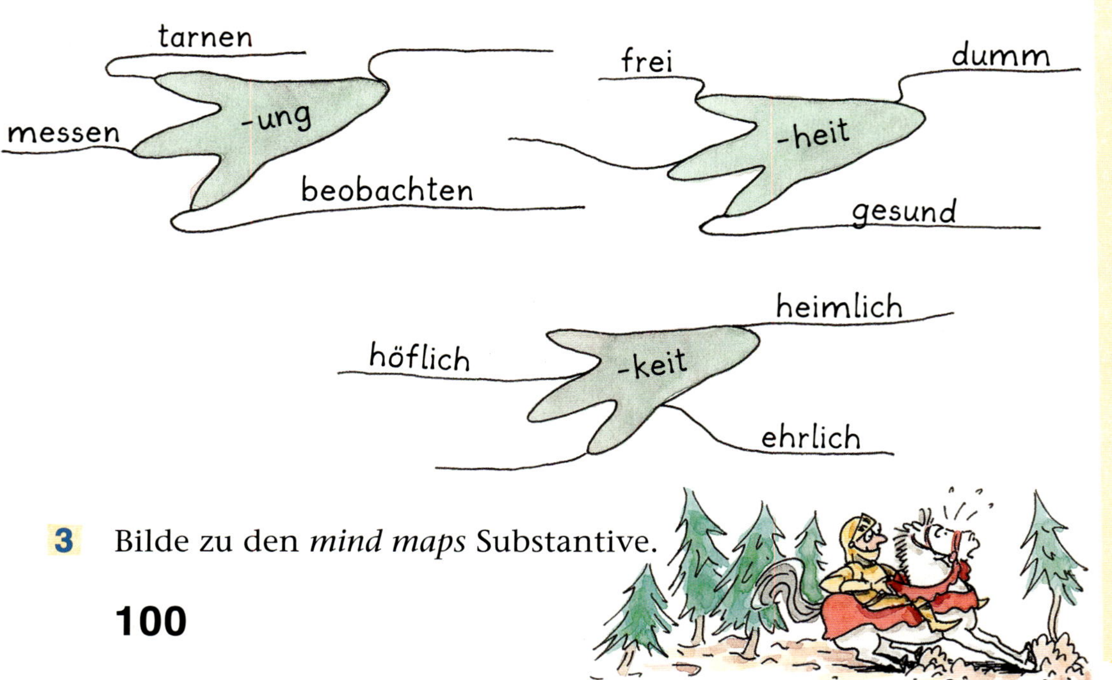

3 Bilde zu den *mind maps* Substantive.

Angst
Dampf
Drachen
Gasse
Kampf
beißen
er biss
fassen
fressen
er fraß
groß
heiß
lang
nass
unglücklich

Der Wörterdrache räumt auf

1 Schreibe zu jeder Kiste ein Substantiv, ein Adjektiv und ein Verb auf:

2 Übe schwierige Wörter mit der Profikarte.

Der kleine Drache

*Der kleine Tatzelwurm war der letzte Drache auf der Welt. Er fraß Holz und verbrannte es in seinem Magen. Den heißen Rauch blies er durch seine nassen Nasenlöcher. Alle Tiere und Menschen hatten große Angst vor ihm. Sie glaubten, er wolle sie fressen. Deshalb war er sehr unglücklich. In einem kalten Winter konnte er endlich beweisen, wie friedlich er war. * Ein Dorf war über Nacht eingeschneit. Tatzelwurm fasste sich ein Herz und taute mit seinem Atem die Straßen und Gassen frei. Da verloren die Leute ihre Angst.*

3 Markiere Wörter mit ß und ss.

4 Schreibe den Text im Präsens auf.

WASSER

Wasser als Straße | Wasser als Lebensmittel

Wasser und Freizeit | Wasser und Berufe

1 Wozu brauchen Menschen, Tiere und Pflanzen Wasser? Berichtet.

2 Ordnet die Bilder den Überschriften auf den Karten zu. Aufgepasst, einige Bilder passen nicht.

3 Sammelt und malt Bilder zum Thema *Wasser*. Findet Überschriften und ordnet eure Bilder zu.

4 Wählt eine Überschrift aus. Gestaltet ein Plakat dazu.

1 Sammelt für eure Plakate kurze Bildunterschriften. Überlegt dafür:
- Warum hast du das Bild ausgesucht?
- Willst du etwas erklären?

2 Wählt passende Bildunterschriften aus und schreibt sie deutlich auf eure Plakate.

3 Macht eine Wasserausstellung und hängt eure Plakate auf.

Wasser sparen

1 Wozu brauchst du jeden Tag Wasser? Erzähle.

2 Wie haben die Kinder den Wasserverbrauch notiert? Schreibe es auch so auf.

3 Sammelt Ideen, wie man Wasser sparen kann.

Dienstag
Toilette 𝍸
trinken 𝍸 |
Blumen gießen |
…

Koblenz, den 12.06.20…

Sehr geehrte Damen und Herren,

in der Schule besprechen wir gerade das Thema Wasser. Nun wollen wir von Ihnen wissen, wie man Wasser sparen kann und wie viel Euro ein Eimer Wasser (5 Liter) kostet.

Bitte schicken Sie uns die Informationen zu.

Mit freundlichen Grüßen

Ihre Lea (Klasse 3 b)

- Ort und Datum
- Anrede
- Sie, Ihr, Ihre, Ihnen großschreiben
- Schlussgruß

4 Lies den Brief an das Wasserwerk. Was hat Quiesel entdeckt?

5 Findet die Adresse eures Wasserwerkes heraus. Schreibt einen Brief oder eine E-Mail mit *euren* Fragen. Beachtet den Notizzettel.

Wasserverbrauch an einem Tag

1 Erzähle zu den Bildern.

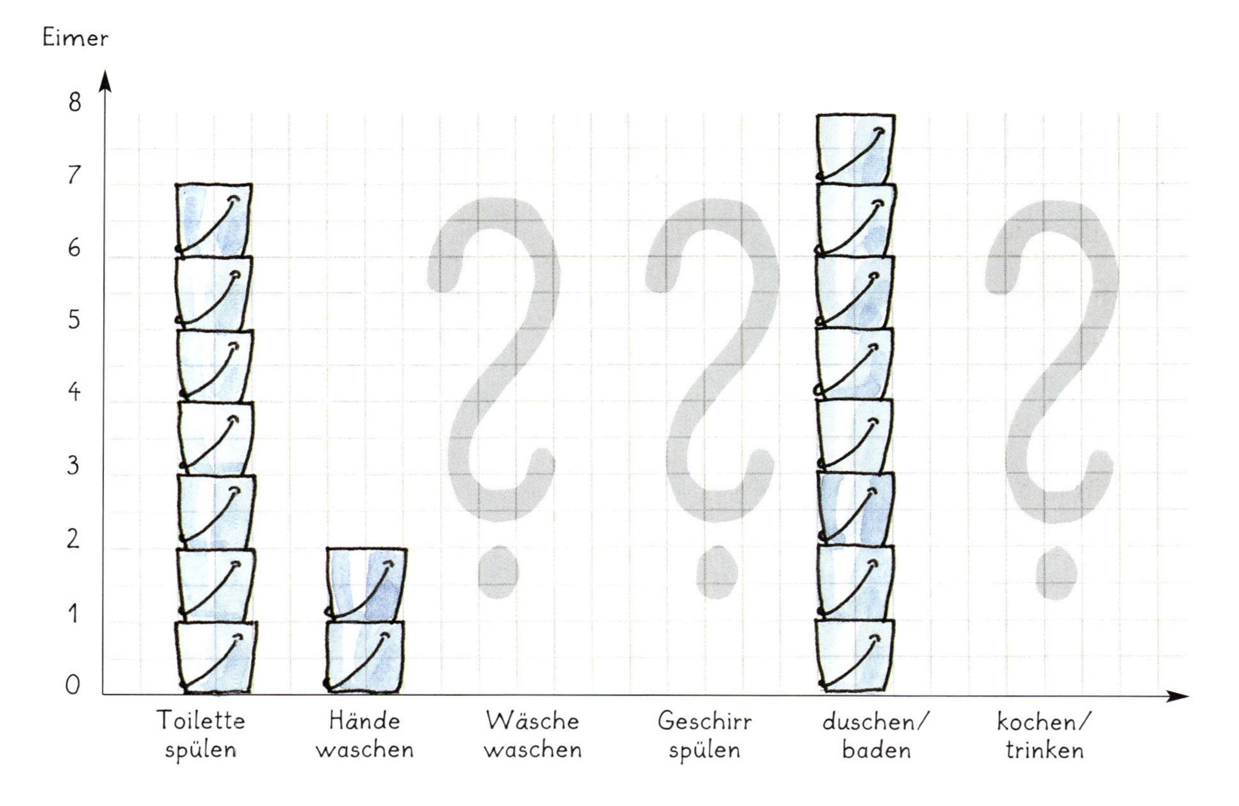

2 Erkläre das Diagramm. Die Angaben aus den Bildern helfen dir.

3 Zeichne das Diagramm ab und vervollständige es.

4 Suche aus deinem Diagramm den höchsten und den niedrigsten Wasserverbrauch heraus.

Eiskaltes Wasser

1 Sage es so kurz wie Quiesel. Schreibe die neuen Sätze auf.

2 Welche zusammengesetzten Adjektive lassen sich bilden?
Schreibe auf: *haushoch*, . . .

3 Schreibe mit den zusammengesetzten Adjektiven eigene Sätze.

ä oder e?

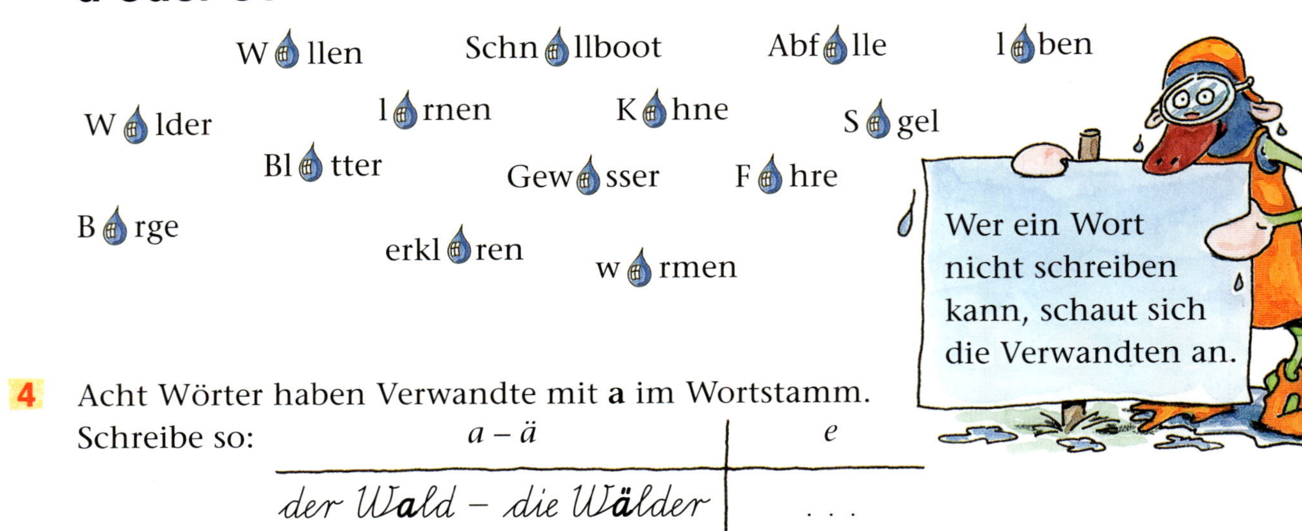

4 Acht Wörter haben Verwandte mit **a** im Wortstamm.
Schreibe so:

a – ä	*e*
der Wald – die Wälder	. . .

Quieselquelle

1 Setze **Qu** oder **qu** ein und schreibe die Wörter auf:
quaken, . . .

Mit dem Schiff verreist die Liesel,
der Kapitän ist heute ☐.
Die Matrosen sind sehr stark,
denn sie essen täglich ☐.
Die Fahrt genießen alle sehr,
sie segeln einfach kreuz und ☐.

quer | Quark | Quiesel

W
die Fähre
der Fluss
das Gewässer
der Kahn
die Kaulquappe
die Quelle
die Welle
quälen
schicken
wärmen
eiskalt
glasklar
tintenblau
hoffentlich
vielleicht

2 Setze die passenden Reimwörter ein. Schreibe den Text vollständig auf.

Der Froschkönig
Der Froschkönig hat große Sorgen. In seinem tintenblauen Gewässer liegen überall Abfälle. Das Wasser riecht fürchterlich und ist trübe. Die Fische quälen sich, und auch die Kaulquappen werden krank. Jede Nacht träumt der Froschkönig von glasklaren Quellen, eiskalten Bächen und sauberen Flüssen. Hoffentlich halten die Menschen das Wasser bald wieder sauber. * *Vielleicht helfen die Kinder mit. Die Frösche und alle anderen Tiere, die im Wasser und am Ufer leben, werden den Menschen dafür dankbar sein.*

3 Schreibe alle Wörter mit **ä** mit einem verwandten Wort mit **a** auf.

STEINZEIT

1 Was machen die Kinder im Museum? Warum sind sie dort?

2 Wie lebten die Menschen in der Steinzeit? Erzählt.

3 Welche Ausstellungsstücke findet ihr auf den Bildern? Erklärt, wie sie verwendet wurden.

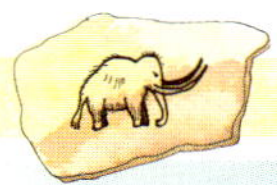

1 Welche Fragen habt ihr zur Steinzeit? Schreibt sie auf Karten und ordnet sie.

2 Bildet Expertengruppen. Sucht in Büchern oder im Internet nach Antworten.

Höhlen in der Steinzeit

Höhlen in der Steinzeit
In der Steinzeit nutzten die Menschen
Höhlen, wenn sie auf die Jagd gingen.
Eine Höhle schützte vor Wind, Regen,
Hitze und Kälte und vor wilden Tieren.
5 Gemütlich war es in den Höhlen nicht.
Sie waren niedrig, feucht, und
oft war es nicht wärmer als 13 Grad.
Ihre Höhlen schmückten
die Menschen mit Höhlenmalereien.
10 Sie malten wilde Tiere und
manchmal auch Menschen.

Höhlenmalerei
Für die Farben ihrer Bilder benutzten
die Menschen Erde, zerkrümelte Steine,
Kreide, Holzkohle, Blut oder Säfte von
Pflanzen und Beeren. Sie malten mit
5 den Fingern oder mit Pinseln. Auch
die Sprühtechnik kannten sie schon.
Sie pusteten fein zerriebenes Pulver mit
dem Mund oder mit einem Röhrchen
an die Wände. Wenn sie dabei die Hand
10 oder einen Gegenstand dazwischen
legten, war dies wie eine Schablone.

Höhlen in der Steinzeit
- Nutzung bei Jagdzügen
- Schutz vor wilden Tieren
- ungemütlich, 13 Grad
- Höhlenmalerei (Tiere und Menschen)

1 Lies dir den Text *Höhlen in der Steinzeit* durch.
Welche Stichworte haben die Kinder dazu aufgeschrieben?

2 Schreibe den Stichwortzettel ab. Ergänze ihn mit den Informationen über die Höhlenmalerei aus dem Buch.

3 Suche im Internet, im Lexikon oder anderen Büchern noch mehr Informationen oder Bilder zum Thema.
Schreibe weitere Stichpunkte auf.

4 Bilde aus deinen Stichpunkten Sätze.
Trage sie zur Übung einem anderen Kind vor.

5 Sprich vor der Klasse zusammenhängend zu deinen Stichpunkten.

Reiche Beute

Der Vater von Jelka war heute mit anderen Leuten des Stammes auf Jagd. Sie erlegten ein Rentier von etwa 100 kg. Das war eine große Freude, denn fast alle Teile des Tieres waren von Bedeutung.

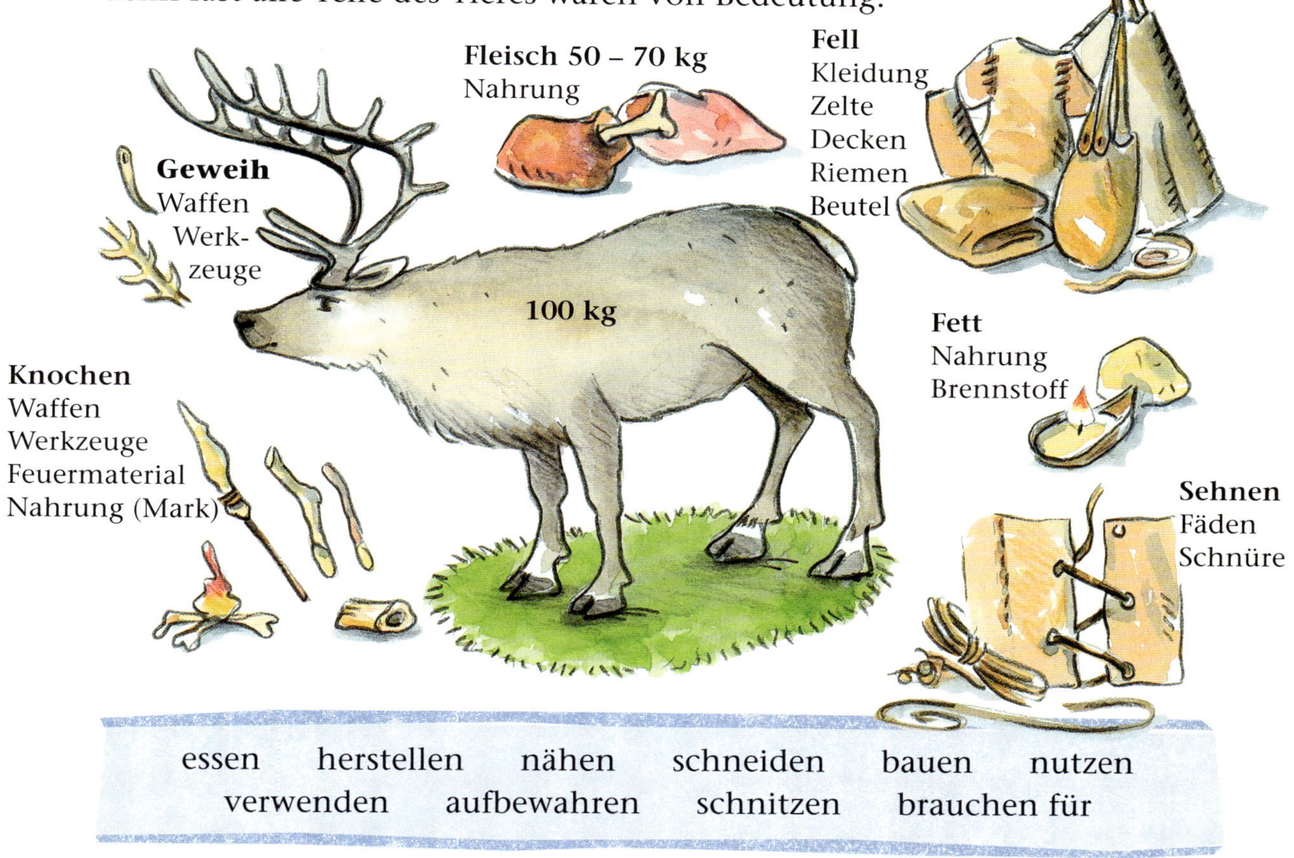

essen herstellen nähen schneiden bauen nutzen
verwenden aufbewahren schnitzen brauchen für

1 Was konnten die Menschen mit einem Rentier alles anfangen? Erzählt.

2 Suche zu den Verben im Kasten das Präteritum. Lege eine Tabelle an:

Grundform	Präteritum
essen	*sie aßen*
. . .	. . .

3 Schreibe einen Bericht im Präteritum:
Die Steinzeitmenschen aßen . . .

Viele Steine

EDEL SAND
WACKER
KIESEL
GRUND
FEUER
MÜHL FELD
SPIEL WETZ
GRENZ

ALT SCHABER HART
REICH SPITZE BRUCH
ADLER KOHLE
AXT HAUFEN
SCHLEUDER
WURF PILZ
ZEIT SCHLAG
BLOCK

Achte auf die Groß- und Kleinschreibung!

1 Bilde Wörter mit STEIN.

2 Schreibe die Wörter der Wortfamilie STEIN auf:
der Edelstein, steinalt, . . .

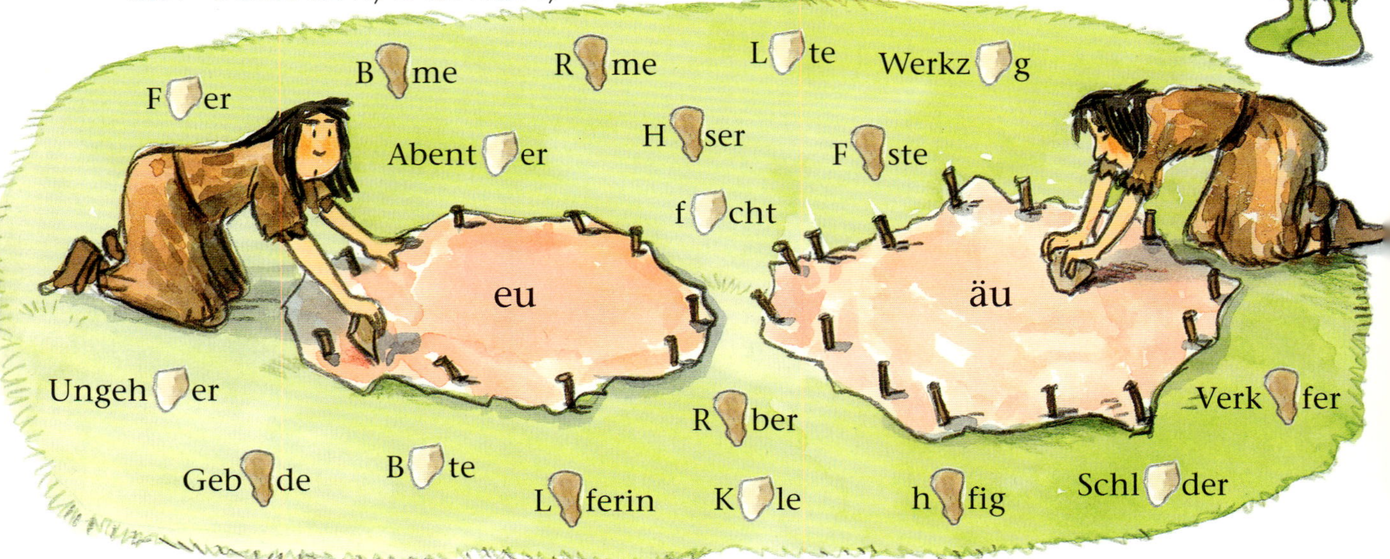

3 Neun Wörter haben Verwandte mit **au** im Wortstamm.
Ordne und schreibe so:

au – äu	eu
der Baum – die Bäume	*das Feuer*

4 Bilde mit den Wörtern mit **äu** eigene Sätze.

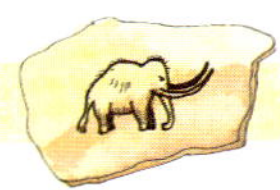

Wörter mit x

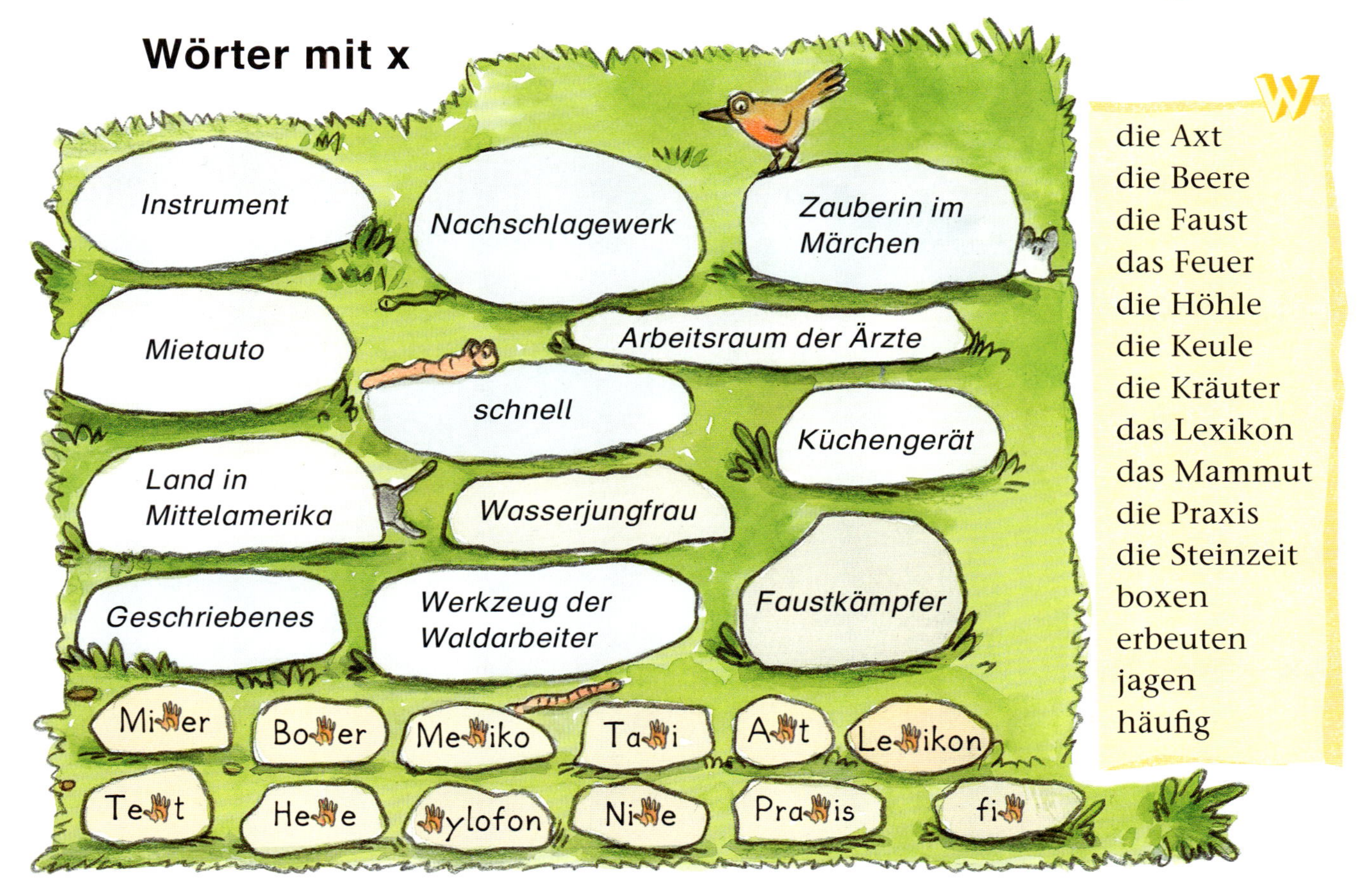

W

die Axt
die Beere
die Faust
das Feuer
die Höhle
die Keule
die Kräuter
das Lexikon
das Mammut
die Praxis
die Steinzeit
boxen
erbeuten
jagen
häufig

1 Welche Wörter mit **x** findest du? Schreibe sie mit ihrer Bedeutung auf:
Mixer – Küchengerät, . . .

2 Schreibe die Wörter mit **x** auf deine Profikarte und übe sie.

Steinzeit

*Das Leben in der Steinzeit war hart. Die Menschen lebten als Jäger und Sammler. Sie wussten noch nicht, wie man Getreide und Gemüse anbaut und wie man Tiere züchtet. Sie nutzten alles, was ihnen die Natur bot. Pflanzen dienten häufig als Nahrung und Brennstoff. Ihre Werkzeuge und Waffen bauten sie aus Steinen, Holzstücken oder Knochenteilen. * Die Tiere jagten sie oft mit einer Axt. Sie lieferten ihnen Nahrung und Kleidung. Sie ernährten sich auch von Beeren, Wurzeln, Nüssen oder Kräutern.*

TIPPS UND TRICKS

Schreibkonferenz

Wenn ihr eure Texte überarbeiten wollt, könnt ihr euch
in einer Schreibkonferenz gegenseitig Tipps geben. So geht es:

① Setze dich mit anderen Kindern zusammen.
Lies deinen Text langsam und deutlich vor.

② Die anderen Kinder sagen dir, was ihnen
gut gefallen hat.

Kannst du alles verstehen?

Fehlt etwas Wichtiges?

Passt die Überschrift?

Sind die Sätze vollständig?

Passen die Wörter?

Achte auf die Satzanfänge.

Stimmt die Reihenfolge?

③ Worauf soll beim zweiten Lesen besonders geachtet werden?
Jedes Kind sucht sich eine Karte aus.

④ Lies deinen Text noch einmal vor.

⑤ Gebt Tipps und überlegt gemeinsam,
wie der Text überarbeitet werden kann.

⑥ Überarbeite nun deinen Text.

⑦ Prüfe nach, ob du alle Wörter richtig geschrieben hast.

Mit Sätzen experimentieren

So kannst du Sätze umstellen:

Der Dieb hat eine Goldkette in seiner Tasche.

1 Welche Sätze kannst du durch Umstellen bilden? Schreibe sie auf und kreise die Satzglieder ein.

So kannst du Sätze erweitern:

Frau Müller geht.

2 Erweitere den Satz mit neuen Satzgliedern.

Mit Sätzen experimentieren

So kannst du Sätze verkürzen:

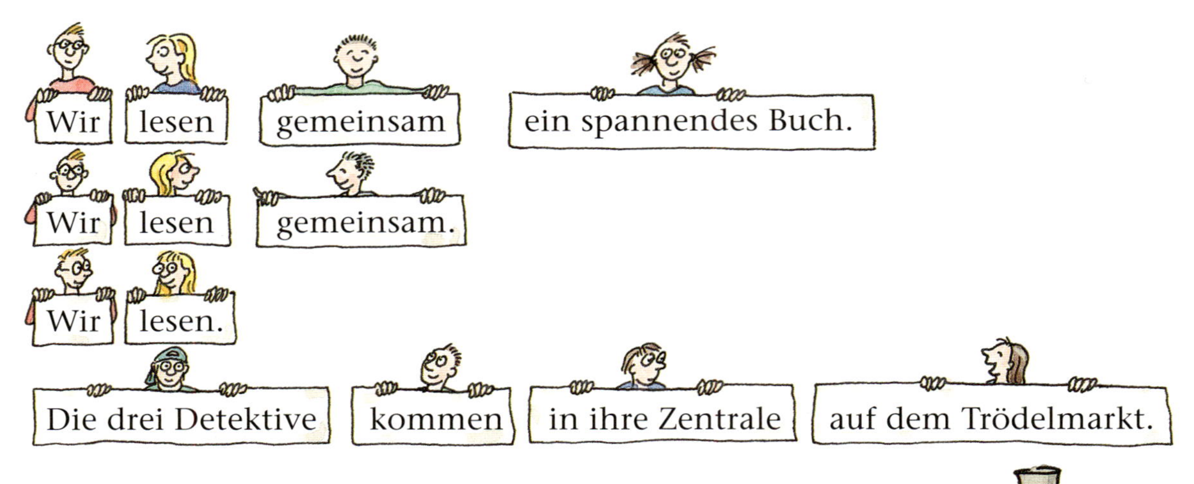

1 Verkürze den Satz.

2 Überlege, wann es sinnvoll ist Sätze zu kürzen.

Durch Verkürzen verändert sich der Sinn des Satzes.

Silbentrennung

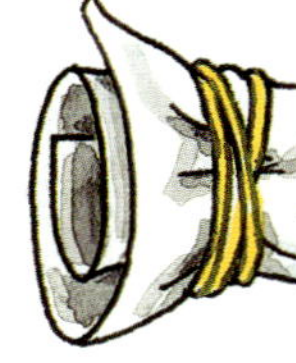

Hase Sätze Himmel sitzen Vater schmutzig
Türschlüssel Apfelkompott Fernseher Rehe

3 Zerlege die Wörter in Silben. Schreibe so: *Ha - se, . . .*

Zucker Brücke eckig Locke schmecken lecker
Backstube Schmuckstück Druckbuchstabe

4 Schreibe die Wörter in Silben auf.

Bekannte Verwandte

ä oder e?

G_rtner M_nsch g_lb H_schen
F_hre br_msen V_ter Sch_re
n_hen St_mpel W_sche W_rme
sch_rzen z_hlen _xtra Sch_fer

1 Entscheide, ob du **ä** oder **e** einsetzen musst. Vervollständige die Tabelle:

ä	e
der Garten – der Gärtner	*der Mensch*

äu oder eu?

M_se Fr_nd Kr_ter t_er R_ber h_fig H_
F_er n_ S_gling l_chten Kr_z H_ser Geb_de

2 Entscheide, ob du **äu** oder **eu** einsetzen musst. Vervollständige die Tabelle:

äu	eu
die Maus – die Mäuse	*der Freund*

Zahl – zählen

Zahl lohnen zählen Gefühl fahren fühlen wählen Strahl
jährlich Fahrerin Jahr Wahl Lohn strahlen

3 Welche Wörter gehören zu einer Wortfamilie?
Schreibe die Wortpaare auf: *Zahl – zählen, . . .*

4 Markiere immer das **h** in den Wörtern.

5 Übe die Wörter mit der Profikarte.

Wortarten

Große Elefanten trompeten.

Kleine Katzen spielen.

Hungrige Bären suchen süßen Honig.

Brüllen starke Löwen?

Bestimme die Wortart:
Einzahl (Singular) und
Mehrzahl (Plural) → Substantiv

Ich …, du …, wir …? → Verb

Kann man steigern? → Adjektiv

1 Untersuche die Wortarten. Schreibe so:
groß, größer, am größten → Adjektiv
der Elefant, die Elefanten → Substantiv
ich trompete, du trompetest, wir trompeten → Verb

der Hund die Freundschaft die Seife die Erinnerung das Auto
die Gesundheit das Glück die Liebe die Höflichkeit die Uhr

2 Schreibe die Wörter ab. Unterstreiche die Substantive, die man nicht malen kann.

Wölfi
Jeden Morgen weckt Wölfi Tante Frieda. Dann holt ✱ die Zeitung. „✱ frühstücken gleich“, sagt Tante Frieda. ✱ trinkt Tee, und für ✱ gibt es immer etwas Besonderes. Bei Tante Frieda geht es ✱ richtig gut. Einmal sieht ✱ in der Zeitung
5 Werbung für Hundefutter und jault. „✱ bist mir vielleicht einer“, lacht Tante Frieda. Doch dann gehen ✱ einkaufen.

er
er
sie
sie
ihn
ihm
wir
du

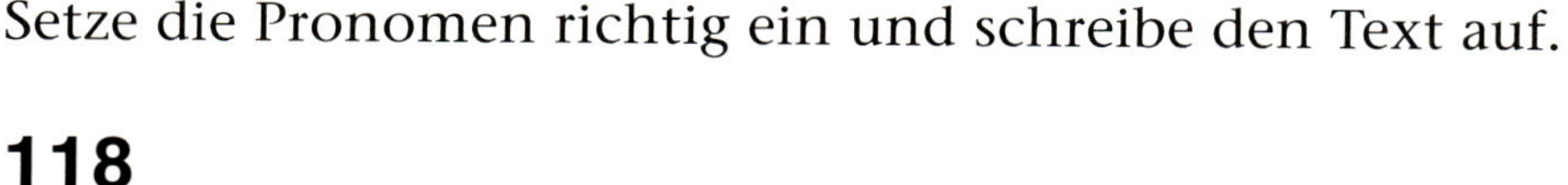

3 Setze die Pronomen richtig ein und schreibe den Text auf.

Welche Buchstaben fehlen?

1 Schreibe erst die Mehrzahl, dann die Einzahl auf: *die Stäbe – der Stab, ...*

2 Welcher Buchstabe fehlt? Die Vergleichsform hilft dir.
Schreibe so: *lieber – lieb, ...*

g oder k? es le_t ihr den_t ihr brin_t sie dan_t er fra_t

b oder p? es kle_t es pie_t er pum_t ihr schrei_t sie hu_t

3 Welcher Buchstabe fehlt? Die Grundform hilft dir: *wir legen – es legt, ...*

4 Setze die fehlenden Mitlaute ein.

Vor- und Nachsilben

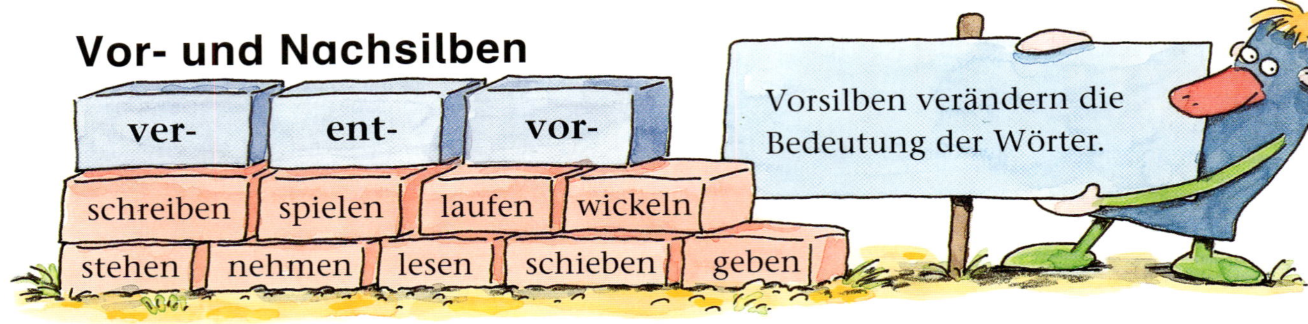

1 Welche Verben kannst du mit den Vorsilben bilden?
Schreibe auf: *verschreiben – vorschreiben, . . .*

2 Welche Verben hast du mit *schreiben, spielen, laufen* gefunden?
Schreibe zu jedem Verb einen Satz.

3 Bilde Substantive.
Schreibe so: *lebendig – die Lebendigkeit, . . .*

Nachsilben können die Wortart verändern.

4 Markiere bei deinen Substantiven die Nachsilben -**ung**, -**heit** oder -**keit** und den Anfangsbuchstaben.

Zeitformen der Verben

sie redet ich meine du hast geantwortet ihr träumtet
du schwimmst sie aß wir sind gegangen ihr lest

Wenn du die Grundform gefunden hast, kannst du im Wörterverzeichnis nachschlagen.

Grundform	*Präsens*	*Präteritum*
reden	*sie redet*	*sie redete*
. . .	. . .	. . .

5 Zeichne die Tabelle. Trage die Zeitformen aus dem Kasten ein und vervollständige sie.

Merkwörter

1 Schreibe die Wörter auf die Profikarte. Unterstreiche immer das i.

2 Übe die Wörter mit der Profikarte.

er ieken älen aken alle elle ark

alm etschen atsch be em engeln iz

3 Welche Wörter sind hier versteckt? Übe sie mit der Profikarte.

ex tra mi xen Lu xus Le xi kon He xe Ex plo si on

Ex per te Tex te Ta xi Äx te Pra xis fa xen bo xen

4 Setze die Silben zusammen. Übe die Wörter mit der Profikarte.

5 Welche Wörter spuckt der Vulkan aus? Übe die Wörter mit der Profikarte.

FACHBEGRIFFE

Substantiv

Substantive sind **Namen** für Menschen, Tiere, Pflanzen, Dinge, Gedanken, Gefühle usw.

Substantive gibt es in der **Einzahl** (Singular) und in der **Mehrzahl** (Plural).

Substantive schreiben wir **groß**.

Substantive können einen **Artikel** als Begleiter haben.

Es gibt
- **bestimmte Artikel:** der, die, das
- **unbestimmte Artikel:** ein, eine

Pronomen

Pronomen können für Substantive stehen.

Pronomen sind z.B.:
ich, du, er, sie, es, wir, ihr, mein, dein, euer.

Verb

Verben geben an, was jemand **tut**.
Verben geben auch an,
was **geschieht** und was **ist**.

Im Wörterbuch stehen die Verben
zuerst in der **Grundform**.

Das Verb zeigt an, ob etwas
jetzt geschieht (Präsens)
oder **vorbei** ist (Präteritum).

Wir kennen die **einfache Vergangenheit Präteritum:**
Die Datteln **schmeckten** ihm.

Adjektiv

Adjektive geben an, **wie** etwas ist.
Mit Adjektiven kann man **vergleichen**.
Adjektive kann man **steigern**.

Steigerungsstufen:

Grundstufe	Mehrstufe	Meiststufe
hoch	*höher*	*am höchsten*

Wortfamilien

Die Wörter einer **Wortfamilie**
sind miteinander verwandt.
Die Verwandtschaft zeigt
sich am **Wortstamm:**

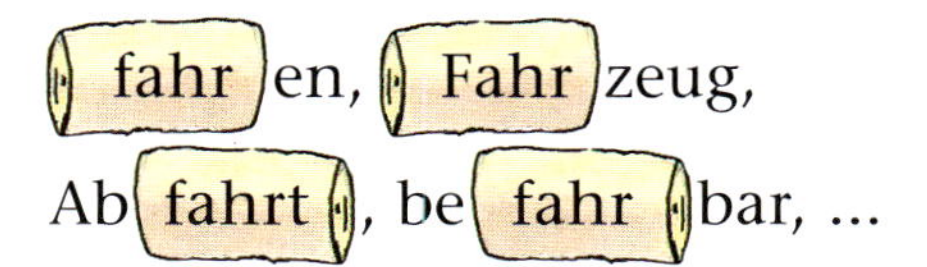

Satzarten

Mit **Aussagesätzen** teilen wir etwas mit.
Nach einem Aussagesatz steht ein **Punkt** (**.**).

Wenn wir etwas wissen wollen,
stellen wir eine **Frage**.
Am Ende eines Fragesatzes steht
ein **Fragezeichen** (**?**).

Nach **Ausrufen** und **Ausrufesätzen**
steht ein **Ausrufezeichen** (**!**).

Am Ende einer **nachdrücklichen**
Aufforderung steht auch
ein **Ausrufezeichen** (**!**).

Hier gibt es keine Krokodile.

Woher weißt du das denn so genau?

Halt bloß den Mund, du Grünschnabel!

Satzglieder

Satzglieder kann man
durch **Umstellen** erkennen.

Ein Satzglied kann
aus einem Wort
oder aus mehreren
Wörtern bestehen.

| Das alte Krokodil | | wartet | | auf Beute | . |

| Wartet | | das alte Krokodil | | auf Beute | ? |

| Auf Beute | | wartet | | das alte Krokodil | . |

Subjekt (Satzgegenstand)

Das **Subjekt** ist ein **Satzglied.**
Das Subjekt erkennt man
durch die Frage: Wer oder was ...?

Das Krokodil schläft.
Wer oder was schläft?
das Krokodil

Prädikat (Satzaussage)

Das **Prädikat** ist ein **Satzglied.**
Das Prädikat erkennt man
durch die Frage: Was tut ...?

Satzkern

Subjekt und **Prädikat** bilden den **Satzkern.**

Das Krokodil schwimmt.
Was tut es?
Es ***schwimmt.***

Großschreibung

Substantive werden **großgeschrieben**.

Satzanfänge werden **großgeschrieben**.

In Briefen wird die **Höflichkeitsanrede großgeschrieben**.

Giraffe und Ameise werden großgeschrieben. Alle Substantive werden großgeschrieben.

Aber Satzanfänge werden auch großgeschrieben.

Lieber Herr Tino,
wir laden Sie herzlich ein.

Wörtliche Rede

Am Anfang und Ende der wörtlichen Rede stehen **Anführungszeichen**.

Nach dem vorangestellten Redebegleitsatz steht ein **Doppelpunkt:**

Der Löwe sagt zu der Maus:
„Ich bin der stärkste Löwe der Welt."
Die Maus antwortet:
„Gib nicht so an!"

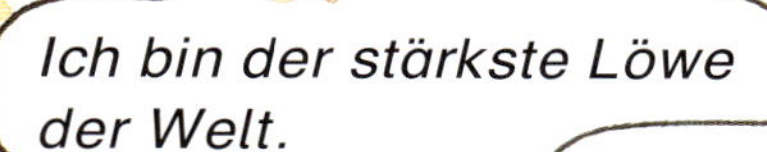

Gib nicht so an!

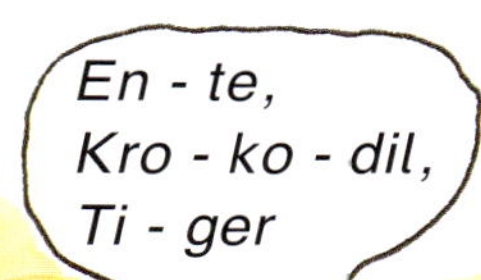

Schne - cke

Wald - amei - se

Pan - da, Hams - ter, Kat - ze

Silbentrennung

Mehrsilbige Wörter können zwischen den Silben getrennt werden.

	Sprechen und Zuhören	Für sich und andere schreiben
Das kann ich schon **S. 4 – 9**	Spielerisch und kreativ mit Sprache umgehen; Zungenbrecher; deutliches Artikulieren üben **4 f.**	Wörter nach dem Abc ordnen **4;** Geheimsprachen entschlüsseln und verwenden **4;** Beispiele zu Wortarten auf Karten schreiben und einfache Sätze damit bilden **8**
Schule **S. 10 – 15**	Positive und negative Pausensituationen beschreiben; Verhaltensweisen beurteilen; Konfliktlösungen besprechen; demokratisches Miteinandersprechen **10 f.;** Spielregeln formulieren und erproben **11;** Gefühle anderer nachempfinden, höfliches Miteinander; alltägliches Miteinandersprechen **12;** Informationen weitergeben **13**	Ereigniskarten für ein Spiel schreiben **11;** Spielregeln dokumentieren **11;** Höflichkeitsfloske auf einem Plakat sammeln **12;** zu Bildern eine Geschichte schreiben **12;** Sammlung von Wörtern aus anderen Ländern anlegen **13**
Familie **S. 16 – 21**	Familienbeziehungen besprechen **16 f.;** Bildergeschichte erzählen; Gefühle anderer nachempfinden und mit Hilfe von Mimik, Gestik, Körperhaltung darstellen; Aspekte aktiven Zuhörens **18;** Konfliktlösungen entwickeln und im Rollenspiel erproben **18**	Familienbilder gestalten und präsentieren **17;** Ve nungsgeschichte nach Bilderfolge (zu Ende) schr ben **18;** Geschichten überarbeiten (Schreibkc ferenz, Tipp-Liste); sprachliche Mittel gezielt verv den **19;** überarbeitete Geschichte aufschreiben **2**
Sport **S. 22 – 27**	Einem Bild Informationen entnehmen und diese zuordnen **22/23;** sportliche Vorlieben formulieren und begründen **22;** eine Person anhand eines Bildes beschreiben **24**	Funktion von Bildzeichen reflektieren; Bedeutung erklären **22;** Sachfragen für ein Fragequiz notiere **23;** Personenbeschreibung (Steckbrief) schreiber und überarbeiten **24;** Sätze mit Bewegungsverbe aufschreiben **25;** Glückwunsch schreiben **27**
Tiere **S. 28 – 33**	Handlungsanlässe ergründen **28;** über Tiere sprechen; einem Bild Informationen entnehmen; Informationen einholen **28/29;** aus einem Sachtext Informationen wiedergeben **30;** Tiere vorstellen **30;** deutliche Artikulation üben (Zungenbrecher); Rätsel lösen **31**	Stichworte ordnen und notieren; Wiedergeben vo Informationen nach Stichpunkten; Tiere beschrei (Steckbrief) **30;** Textsorten unterscheiden; Gedic mit Reimwörtern vervollständigen; Texte über Tie schreiben und präsentieren (Wandzeitung) **31;** ei Text in die Vergangenheit übertragen **33**
Fabeln **S. 34 – 39**	Handlungsintentionen von Figuren verstehen, Bildergeschichte szenisch darstellen (Dialoge, Intonation, Gestik, Körpersprache) **34/35;** Fabel mit einem Kartontheater nachspielen **34**	Sätze auf Streifen schreiben und zu einer Fabel ordnen, Überschrift finden **35;** Dialog als wörtliche Rede notieren **36 ff.;** Vergleiche mit als/wie **38**
Weihnachtszeit **S. 40 – 45**	Einem Bild Informationen entnehmen; Einschätzungen begründen; von Weihnachtsvorbereitungen erzählen, Vorlieben/Abneigungen begründen **40/41;** Bild als Erzählanlass nutzen; Fantasiegeschichte zu Ende erzählen **41**	Fantasiegeschichte weiterschreiben und passende Überschrift finden **41;** Fantasiegeschic in Schreibkonferenz überarbeiten; Präsentationsformen für Texte; Geschichte gesta **42**
Rund ums Buch **S. 46 – 53**	Leseerwartungen begründen; von Leseerlebnissen berichten; Lesewünsche artikulieren; verschiedene Formen von Lesetagebüchern kennen lernen und vergleichen **46/47;** Ordnungskriterien **48**; Geschichte des Buches; Informationen aus Stichworten **49**; Herstellung eines Buches **50**; Wirkung von Textpräsentationen reflektieren **51**; Aufbau einer Einladung **52**	Eigenes Lesetagebuch anlegen **47;** Wortkarten schreiben; Buchkartei anlegen **48** Geschichte mit Hilfe einer mindmap schreiben **5** Geschichte in Schreibkonferenz überarbeiten; Gestaltungsvorschläge für eigene Texte **51**; Gebrauchsform Einladung **52**
Indianer **S. 54 – 59**	Vorwissen sammeln, Informationen einholen (Bücher, Internet); Tätigkeiten beschreiben; über Ursachen historischer Veränderungen nachdenken **54/55**; aktives Zuhören; Gesprächsregeln anwenden **56**	Tätigkeiten beschreiben **54/55;** Zeichencodes en schlüsseln und verwenden **57;** Überarbeiten eine Textes; Merkwörter zu Bildern ordnen **58**; Reimw ter aufschreiben **59**

›rache untersuchen	Richtig schreiben
›rtgrenzen erkennen **4;** spielerisch Sprachvarianten ›roben, Geheimsprachen als Sprachvarianten ›rwenden **4/6;** Wortarten (Substantiv, Artikel, Verb, Adjektiv) **f.**; Personalformen der Verben **7**	Wörter nach dem Abc ordnen (2. und 3. Buchstabe) **4;** Wörter im Wörterverzeichnis suchen **8;** Quiesel-Karte zum richtigen Abschreiben herstellen und anwenden **9** **In allen Kapiteln:** mit der Quiesel-Karte richtig abschreiben **9** u. ö; Abschreibtext zum Orientierungswortschatz **9** u. ö.
›sammenhang zwischen Äußerungsabsicht und -form ent- ›cken **12;** Fremdwörter erkennen und ihre Herkunft ›lektieren **13**	Silbentrennung (Klatschprobe) **14;** Reimwörter finden; Anlauthäufungen **14;** mit dem Wörterverzeichnis arbeiten (Nachschlagen) **14;** mit der Profikarte (Trainingskarte) üben, Partnerdiktat **15** **In allen Kapiteln:** Üben von Übungswörtern aus dem Wörterverzeichnis **15** u. ö.
›rtfeld Gefühlsadjektive **18;** Pronomen richtig einsetzen; ›istische Funktion von Pronomen (Ersatzprobe) **20 f.;** ›ssage-, Frage-, Aufforderungssatz **21**	Satzschlusszeichen (Punkt, Frage-, Ausrufezeichen) **21;** Schleichdiktat (Indianerdiktat) **21**
›rter zu Wortfeldern (*Bewegungsverben*) ordnen **25;** ›rsonalformen von Verben auf die Grundform zurückführen **25;** ›igerungsstufen der Adjektive **26**	Grundformen im Wörterverzeichnis nachschlagen **25;** im Wörterverzeichnis nachschlagen **26;** Konsonantenhäufung im Anlaut **26;** Quiesel-Karte zum Korrigieren verwenden **27;** Partnerdiktat **27**
›rtfeld *Tierbehausungen* **29;** ›rter aus Silben zusammensetzen **29;** Komma bei ›fzählungen **30;** Tempusangabe als Funktion von ›ben erkennen; Verbformen vergleichen und zuordnen **32**	Vorsilben *vor-* und *ver-* bei Verben **32**
›rtliche Rede mit Redezeichen und Redebegleitsatz **36 ff.;** ›rtschatzerweiterung: Wortfeld *sagen* **37;** ›igerungsstufen der Adjektive **38**	Satzschlusszeichenregel bei wörtlicher Rede **36/37;** Wörter mit langen/kurzen Vokalen (Armprobe, Vokale markieren), Doppelkonsonanz/verschiedene Konsonanten nach kurzem betonten Vokal; Verkleinerungsformen -chen und -lein **39**
›ktion von Substantiven kennen lernen: Bezeichnung von ›kreta und Abstrakta **43;** Wortfamilien *schenken* und *danken* zusammengesetzte Substantive; Grundwort, ›stimmungswort **45**	Quiesel-Karte und Wörterbuch zur individuellen Textkorrektur verwenden **42;** Fugen-s bei zusammengesetzten Substantiven **45;**
›achforscher werden **49;** Höflichkeitsform der Anredeprono- ›n; Komma nach Anredeform; Adjektive mit den Nachsilben -lich **52**	Gedankenblitz-Wortkarten schreiben **53;** Mindmap/Geschichtenplan **50;** Großschreibung der Anredepronomen **52**; Wörter mit ck (Silbentrennung); schwierige Wörter mit der Profikarte üben **53**
›chenschriften entschlüsseln und erfinden **57;** ›etzen von Substantiven durch Pronomen **58**	Wörter mit Dehnungs-h ordnen **58;** Wörter mit Dehnungs-h **59;** schwierige Wörter mit der Profikarte üben **59;** Schleich-diktat (Indianerdiktat) **59**

	Sprechen und Zuhören	Für sich und andere schreiben
Am Bildschirm S. 60 – 65	Bilder genau betrachten; über Verwendungssituationen von Computern und Fernsehern sprechen; Vorwissen einbringen **60/61;** Erzählen zu Bildern; Pro-Kontra-Gespräch **62**; Rätsel lösen **63**	Eine Medienkartei anlegen **61**; eine Weitergebgeschichte zu einem Erzählbild schreib und auf Verständlichkeit prüfen **62;** Satzglieder z Sätzen ordnen **63**
Mädchen und Jungen S. 66 – 71	(Geschlechterspezifische) Vorlieben äußern; sich über eigene Motive äußern; Spiele vorstellen; Projekte planen **66/67;** Gesprächsregeln anwenden: an vorher Gesagtes anknüpfen; Begründen und Vertreten der eigenen Meinung **68**	Spielplakate herstellen **67;** Regelplakat schreiben und gestalten **68**; Satzglieder zu s vollen und zu lustigen Sätzen zusammenfügen **6**
Fahrzeuge S. 72 – 77	Sprechen zu Stichpunkten **72**; Museumsbesuch spielen **73**; Interessen und Vorkenntnisse äußern; sachbezogen recherchieren **72/73;** anderen etwas erklären; Lösungen für Sachaufgaben besprechen **74;** Spielregeln erklären **75**	Fragekarten für eine Recherche schreiben und or nen; Recherche im Internet; Schreiben von Stichpunkten **73;** Sachaufgaben formulieren **74;** Wörtertreppen aufschreiben, Gitterrätsel erfinden
Wörter-detektive S. 78 – 83	Spielregeln erklären, Dinge beschreiben **78/79;** Texte vergleichen und über ihre unterschiedliche Wirkung nachdenken **80**	Erzählspiel herstellen; Reizwortgeschichte schrei ben, Geschichten gemeinsam auf Textwirkung pr fen; Anwenden von Sprachwissen auf das Schrei von Texten **80;** Sätze zu Verben schreiben **81**
Natur S. 84 – 89	Tiere und Pflanzen benennen, Informationen einholen und präsentieren, ein Projekt („Der Natur auf der Spur") planen **84/85;** Verhaltensweisen bewerten und die Bewertungen begründen **86;** Rätsel lösen **89**	Aufgabenkarten schreiben **85**; Regel-Plakat Hilfe von Schreibtipps schreiben und gestalten **8** Satzglieder zu sinnvollen und zu lustigen Sätzen zusammenfügen **87**
Villa Gänsehaut S. 90 – 95	Wirkung eines Bildes beschreiben, Fantasiegeschichte erzählen **90/91;** Dialog nachspielen **93**	Spannungswörter sammeln **91;** Gliederungselemente einer Geschichte: Einleitung, Hauptteil, Schluss; Teile einer Geschichte ordnen **92/93;** Fantasiegeschichte schreiben und überarbeiten (Schreibkonferenz); Geschichte schreiben **93**
Drachen S. 96 – 101	Vermutungen anstellen; Lebewesen beschreiben, Rollenspiel: Telefongespräch **96/97;** Bildgeschichte erzählen und szenisch umsetzen **98;**	Stichwörter für Beschreibung zusammenstellen; Beschreibung verfassen **97;** Bildgeschichte textli umsetzen, überarbeiten (Schreibkonferenz); Bild geschichte schreiben **98;** Gedicht erfinden **99**
Wasser S. 102 – 107	Zu Bildern berichten, Bilder ordnen, aktives Zuhören **102/103;** Problemlösungen finden, Informationen einholen **104;** Bildern Informationen entnehmen, Diagramm erklären und deuten **105**	Informative Plakate entwerfen; Anwenden von Präsentationsfor-men **102/103;** Recherchebrief verfassen und adressieren **104**; Diagramm vervollständigen; Aufschreiben von Versuchserg nissen; Notieren wesentlicher Informationen **105** Sätze mit Adjektivkomposita schreiben **106**
Steinzeit S. 108 – 113	Bildinhalte und Gegenstände beschreiben; Vorwissen einbringen, Sachfragen stellen, Informationen einholen **108/109, 111;** aus verschiedenen Texten Informationen zusammentragen; Informationen weitergeben; vor einer Gruppe sprechen **110**	Fragekarten für eine Recherche schreiben und o nen; Expertenplakate gestalten **108/109;** Stichworte/Notizen für einen Kurzvortrag schreib ergänzen und ordnen **110**; Bericht im Präter aufschreiben **111**
Tipps und Tricks S. 114 – 121	In Partnerarbeit über Texte sprechen und diese überarbeiten **114**	Texte in der Schreibkonferenz überarbeiten (Arbeitsschritte) **114;** Umstellungen und Erweiterungen von Sätzen als Mittel der Überarb tung kennen lernen **115;** Sätze verkürzen **116;** Sätze mit Verben bilden **120**

›rache untersuchen	Richtig schreiben
›rtschatzarbeit: Fachbegriffe zu neuen Medien **61;** ›tzglieder bestimmen (Umstellprobe) **63/64;** Satzglied-›nstellung als Stilmittel für die Textüberarbeitung; ›deutung schwieriger Wörter klären **65**	Verben mit *–ieren* **65;** Verben auf die Grundform zurückführen **65**
›bjekt bestimmen (Frageprobe) und markieren **69;** ›ädikat bestimmen (Frageprobe) und markieren **70;** ›deutung schwieriger Wörter klären **71**	Wörter mit *aa*, *ee*, *oo* **71;** Schleichdiktat (Indianerdiktat); schwierige Wörter mit der Profikarte üben **71;**
›togramme **72/73;** Komposita (Wörtertreppen) **75;** Sammelna-›n/Oberbegriffe verwenden und finden **75;** Vorsilben: *un-* bei ›jektiven; Vorsilben bei Verben (Bedeutungsänderung) **76**	Verben mit *st* und *sp* **76;** Wortstamm FAHR (Stammprinzip) **77**
›monyme, bildhafte Wendungen und Redensarten erklären **ff.;** spannungtragende Stellen in Texten erkennen **80;** Ent-›hlüsselung mehrdeutiger Wörter **81**; Texte chiffrieren **82**	Wörter mit langen und kurzen Vokalen unterscheiden (Armprobe); Wörter mit *ie* **82;** Worttrennung von 2 oder 3 gleichen Buchstaben; Zusammentreffen von zwei oder drei gleichen Buchstaben **83**
›er die Wirkung appellativer Texte sprechen; Aufforderungs-›tze **86;** Satzglieder erkennen (Ersatz-, Erweiterungs- und Um-›llprobe); vorbegriffliche Anbahnung der Ergänzung des Ortes ›d der Zeit **87;** Pronomen für Substantive einsetzen **88**	Wörter mit langen und kurzen Vokalen unterscheiden (Armprobe); Wörter mit unmarkiertem langen *i*; Wörter mit der Profikarte üben **88;** Auslautverhärtung bei Substantiven und Adjektiven (Verlängerungsprobe) **89**
›rtfeld *sagen*; wörtliche Rede **93;** Satzglieder Subjekt und ›ädikat bestimmen (Ersatzprobe), vorbegriffliche Anbahnung ›r Satzergänzung **94;**	Zeichensetzung bei der wörtlichen Rede **93**; Wörter mit *tz* (einschließlich Silbentrennung); Üben mit der Profikarte **95;**
›rtarten **96/97;** Wortfeld *Gefühlsadjektive* **98;** Verben: Grund-›men und Personalformen im Präsens und Präteritum **99**; ›bstantive mit Nachsilben -heit, -keit, -ung **100**; Text ins ›äsens übertragen **101**	Konsonantenhäufung im Auslaut; Wörter mit ss und ß; im Wörterbuch nachschlagen **99;** Wörter mit Konsonantenhäufung im Anlaut **101**
›flichkeitsform der Anredepronomen **104;** ›jektivkomposita **106**	Großschreibung der Anredepronomen **104;** Wörter mit *ä* (Stammableitung) **106;** Wörter mit *qu* (Reimwörter) **107**
›t in die Vergangenheitsform übertragen; Verben im ›teritum **111;** Wortfamilie *Stein* **112;** Fremdwörter erklären: ›deutungen zuordnen **113**	Vergangenheitsformen auf die Grundform zurückführen **111;** Wörter mit *äu* (Stammableitung) **112;** Wörter mit *x*; schwierige Wörter mit der Profikarte üben **113**
›zglieder bestimmen (Umstell-, Erweiterungsprobe) **115;** Sub-›ntive (Komposita); Verben auf Grundform zurückführen **116;** ›rtartenbestimmung, Konkreta/Abstrakta, Personalpronomen **›;** Vorsilben *ver-*, *ent-*, *vor-*, Nachsilben *-keit*, *-heit*, *-ung* **120;** ›ben im Präsens und Präteritum **120**	Im Wörterverzeichnis nachschlagen **116, 120;** Silben-trennung; Wörter mit *ck* **116;** Wörter mit *ä* und *äu*; Wörter mit Dehnungs-h **117;** Wörter mit der Profikarte üben **117, 121;** Auslautverhärtung; Wörter mit doppeltem Mitlaut; lange und kurze Vokale unterscheiden **119;** Wörter mit unmarkiertem langen *i*; Wörter mit *qu*, mit *x* und mit *v* **121**

WÖRTERVERZEICHNIS

A

der **Abend**, die **Abende**
aber
ab|fahr|en, sie fährt ab, sie fuhr ab, sie ist abgefahren
der **Ab|schied**, die Abschiede
ab|stel|len, er stellt ab, er stellte ab, er hat abgestellt
der **Ad|vent**
al|le
als
die **Angst**, die Ängste
ant|wor|ten, sie antwortet, sie antwortete, sie hat geantwortet
är|ger|lich, ärgerlicher, am ärgerlichsten
auch
auf|hän|gen, er hängt auf, er hängte auf, er hat aufgehängt
auf|merk|sam, aufmerksamer, am aufmerksamsten
aus|lei|hen, sie leiht aus, sie lieh aus, sie hat ausgeliehen
der **Au|tor**, die Autoren
die **Au|to|rin**, die Autorinnen
die **Axt**, die Äxte

B

der **Ball**, die Bälle
bas|teln, er bastelt, er bastelte, er hat gebastelt
be|ar|bei|ten, sie bearbeitet, sie bearbeitete, sie hat bearbeitet
die **Bee|re**, die Beeren
be|fes|ti|gen, er befestigt, er befestigte, er hat befestigt
bei|ßen, es beißt, es biss, es hat gebissen
be|ob|ach|ten, sie beobachtet, sie beobachtete, sie hat beobachtet
der **Bi|ber**, die Biber
die **Bi|blio|thek**, die Bibliotheken
bie|gen, er biegt, er bog, er hat gebogen
der **Bild|schirm**, die Bildschirme
bis
die **Bit|te**, die Bitten
bit|ten, sie bittet, sie bat, sie hat gebeten
bla|sen, er bläst, er blies, er hat geblasen
das **Blatt**, die Blätter
der **Blitz**, die Blitze
das **Boot**, die Boote
bo|xen, sie boxt, sie boxte, sie hat geboxt
braun
bren|nen, es brennt, es brannte, es hat gebrannt
der **Brief**, die Briefe
die **Brü|cke**, die Brücken
der **Bru|der**, die Brüder
die **Büh|ne**, die Bühnen
bunt
die **Bürs|te**, die Bürsten

C

der **Com|pu|ter**, die Computer

D

der **Dampf**, die Dämpfe
der **Dank**
dan|ken, er dankt, er dankte, er hat gedankt
dann
die **De|cke**, die Decken
denn
der **De|tek|tiv**, die Detektive
die **De|tek|ti|vin**, die Detektivinnen
der **Dieb**, die Diebe
die|se, die|ser
doch

der **Dra|che**, die Drachen
drau|ßen
dre|hen, sie dreht, sie drehte, sie hat gedreht
dru|cken, er druckt, er druckte, er hat gedruckt
dun|kel, dunkler, am dunkelsten
durch
durs|tig, durstiger, am durstigsten

E

das **Eich|hörn|chen**, die Eichhörnchen
ei|len, er eilt, er eilte, er ist geeilt
ei|nem, ei|ner
die **Ei|sen|bahn**, die Eisenbahnen
eis|kalt
ein|zel|nen
ent|de|cken, sie entdeckt, sie entdeckte, sie hat entdeckt
ent|schlüs|seln, er entschlüsselt, er entschlüsselte, er hat entschlüsselt
die **Ent|schul|di|gung**, die Entschuldigungen
er|beu|ten, es erbeutet, es erbeutete, es hat erbeutet
er|klä|ren, sie erklärt, sie erklärte, sie hat erklärt
er|leich|tert
er|reich|en, er erreicht, er erreichte, er hat erreicht
er|schre|cken, er erschreckt, er erschrak, er ist erschrocken
er|zähl|en, sie erzählt, sie erzählte, sie hat erzählt
es|sen, er isst, er aß, er hat gegessen

F

die **Fäh|re**, die Fähren
fah|ren, sie fährt, sie fuhr, sie ist gefahren
die **Fahrt**, die Fahrten
das **Fahr|rad**, die Fahrräder
das **Fahr|zeug**, die Fahrzeuge
die **Fa|mi|lie**, die Familien
fas|sen, sie fasst, sie fasste, sie hat gefasst
die **Faust**, die Fäuste
feh|len, er fehlt, er fehlte, er hat gefehlt
der **Fern|se|her**, die Fernseher
fer|tig
die **Fest|plat|te**, die Festplatten
das **Feu|er**, die Feuer
feu|er|rot
flie|gen, sie fliegt, sie flog, sie ist geflogen
flit|zen, es flitzt, es flitzte, es ist geflitzt
flüch|ten, sie flüchtet, sie flüchtete, sie ist geflüchtet
das **Flug|zeug**, die Flugzeuge
der **Fluss**, die Flüsse
flüs|tern, er flüstert, er flüsterte, er hat geflüstert
die **Frei|heit**
der Frie|den
fres|sen, es frisst, es fraß, es hat gefressen
die **Freu|de**, die Freuden
freu|en, sie freut sich, sie freute sich, sie hat sich gefreut
fried|lich
fröh|lich, fröhlicher, am fröhlichsten
früh, früher, am frühesten
der **Fuchs**, die Füchse
füh|len, er fühlt, er fühlte, er hat gefühlt
für
die **Füh|rung**, die Führungen
fun|keln, es funkelt, es funkelte, es hat gefunkelt
der **Fuß**, die Füße

G

die **Gans**, die Gänse
ganz
die **Gas|se**, die Gassen
der **Ge|burts|tag**, die Geburtstage
ge|fähr|lich, gefährlicher, am gefährlichsten
ge|gen
ge|heim, geheimer, am geheimsten
das **Ge|heim|nis**, die Geheimnisse
ge|hen, sie geht, sie ging, sie ist gegangen
gelb
das **Ge|rät**, die Geräte
das **Ge|räusch**, die Geräusche
das **Ge|schenk**, die Geschenke
die **Ge|schich|te**, die Geschichten
ges|tern
das **Ge|wäs|ser**, die Gewässer
ge|win|nen, er gewinnt, er gewann, er hat gewonnen
glas|klar
das **Glück**
glück|lich, glücklicher, am glücklichsten
der **Glück|wunsch**, die Glückwünsche
glü|hen, es glüht, es glühte, es hat geglüht
groß, größer, am größten
gru|se|lig, gruseliger, am gruseligsten
gut, besser, am besten

H

das **Haar**, die Haare
ha|ben, ich habe, er hat, er hatte, er hat gehabt
der **Hahn**, die Hähne
hal|ten, er hält, er hielt, er hat gehalten
has|ten, sie hastet, sie hastete, sie ist gehastet
häu|fig, häufiger, am häufigsten
die **Heim|lich|keit**, die Heimlichkeiten
heiß, heißer, am heißesten
hier
der **Him|mel**, die Himmel
hoch, höher, am höchsten
hof|fent|lich
die **Höf|lich|keit**
die **Höh|le**, die Höhlen
das **Holz**, die Hölzer
die **Home|page**, die Homepages
hö|ren, er hört, er hörte, er hat gehört
hum|peln, er humpelt, er humpelte, er ist gehumpelt
hüp|fen, sie hüpft, sie hüpfte, sie ist gehüpft

I

die **Idee**, die Ideen
der **Igel**, die Igel
ihm
ihn, **ih|nen**
ihr, **ih|re**
im|mer
der **In|di|a|ner**, die Indianer
in|for|mie|ren, sie informiert, sie informierte, sie hat informiert
in|te|res|sie|ren, ihn interessiert, ihn interessierte, ihn hat interessiert

J

die **Ja|cke**, die Jacken
die **Jagd**, die Jagden
ja|gen, er jagt, er jagte, er hat gejagt
jetzt

ju|beln, sie jubelt, sie jubelte, sie hat gejubelt
jung, jünger, am jüngsten

K

der **Kahn**, die Kähne
der **Kampf**, die Kämpfe
das **Ka|nin|chen**, die Kaninchen
die **Kar|te**, die Karten
die **Kat|ze**, die Katzen
kau|fen, er kauft, er kaufte, er hat gekauft
die **Kaul|quap|pe**, die Kaulquappen
die **Ker|ze**, die Kerzen
die **Keu|le**, die Keulen
die **Klas|se**, die Klassen
klet|tern, sie klettert, sie kletterte, sie ist geklettert
klin|gen, es klingt, es klang, es hat geklungen
klop|fen, es klopft, es klopfte, es hat geklopft
der **Klub**, die Klubs
klug, klüger, am klügsten
knab|bern, er knabbert, er knabberte, er hat geknabbert
kom|men, es kommt, es kam, es ist gekommen
kön|nen, er kann, er konnte, er hat gekonnt
ko|pie|ren, sie kopiert, sie kopierte, sie hat kopiert
das **Kos|tüm**, die Kostüme
die **Krä|he**, die Krähen
der **Kranz**, die Kränze
krat|zen, es kratzt, es kratzte, es hat gekratzt
das **Kraut**, die Kräuter
das **Kro|ko|dil**, die Krokodile
der **Krug**, die Krüge
die **Ku|gel**, die Kugeln
kurz, kürzer, am kürzesten
die **Ku|si|ne**, die Kusinen

L

la|chen, er lacht, er lachte, er hat gelacht
das **Lamm**, die Lämmer
lang, länger, am längsten
lang|sam, langsamer, am langsamsten
las|sen, sie lässt, sie ließ, sie hat gelassen
le|cken, es leckt, es leckte, es hat geleckt
le|cker, leckerer, am leckersten
leer
le|gen, er legt, er legte, er hat gelegt
le|sen, sie liest, sie las, sie hat gelesen
letz|te
die **Leu|te**
das **Le|xi|kon**, die Lexika
das **Licht**, die Lichter
lus|tig, lustiger, am lustigsten

M

das **Mam|mut**, die Mammuts
man
der **Mann**, die Männer
die **Mann|schaft**, die Mannschaften
die **Ma|schi|ne**, die Maschinen
das **Meer**, die Meere
mehr
mein, mei|ne
mei|nen, sie meint, sie meinte, sie hat gemeint
die **Mei|nung**, die Meinungen
mes|sen, sie misst, sie maß, sie hat gemessen
mir, mich
der **Mond**, die Monde
mü|de, müder, am müdesten
der **Müll**
das **Mu|se|um**, die Museen

müs|sen, er muss, er musste, er hat gemusst
der **Mut**
mu|tig, mutiger, am mutigsten

N

nach
nass, nasser, am nassesten
die **Neu|gier**
neu|gie|rig, neugieriger, am neugierigsten
nicht
noch
nur

O

oder
öff|nen, sie öffnet, sie öffnete, sie hat geöffnet
oh|ne
or|ga|ni|sie|ren, er organisiert, er organisierte, er hat organisiert

P

das **Paar**, die Paare
pas|sie|ren, es passiert, es passierte, es ist passiert
der **Pfef|fer|ku|chen**, die Pfefferkuchen
pfei|fen, er pfeift, er pfiff, er hat gepfiffen
der **Pfeil**, die Pfeile
pflan|zen, sie pflanzt, sie pflanzte, sie hat gepflanzt
pflü|cken, er pflückt, er pflückte, er hat gepflückt
die **Pfüt|ze**, die Pfützen
pla|nen, sie plant, sie plante, sie hat geplant
plat|zen, es platzt, es platzte, es ist geplatzt
plötz|lich
die **Pra|xis**, die Praxen
pro|bie|ren, er probiert, er probierte, er hat probiert
der **Pro|fes|sor**, die Professoren
die **Pro|fes|so|rin**, die Professorinnen
das **Pro|gramm**, die Programme
das **Pul|ver**, die Pulver
pünkt|lich, pünktlicher, am pünktlichsten

Q

die **Qual**, die Qualen
quä|len, er quält, er quälte, er hat gequält
die **Quel|le**, die Quellen

R

das **Rät|sel**, die Rätsel
re|den, er redet, er redete, er hat geredet
der **Re|gen**
das **Reh**, die Rehe
ren|nen, sie rennt, sie rannte, sie ist gerannt
ru|hig, ruhiger, am ruhigsten

S

sa|gen, er sagt, er sagte, er hat gesagt
sam|meln, sie sammelt, sie sammelte, sie hat gesammelt
der **Satz**, die Sätze
der **Scan|ner**, die Scanner
schau|en, sie schaut, sie schaute, sie hat geschaut
schen|ken, er schenkt, er schenkte, er hat geschenkt
scheuß|lich, scheußlicher, am scheußlichsten
schi|cken, sie schickt, sie schickte, sie hat geschickt
die **Schie|ne**, die Schienen
schie|ßen, er schießt, er schoss, er hat geschossen

schla|fen, sie schläft, sie schlief, sie hat geschlafen
schla|gen, er schlägt, er schlug, er hat geschlagen
schlecht, schlechter, am schlechtesten
schlen|dern, er schlendert, er schlenderte, er ist geschlendert
schließ|lich
das **Schloss**, die Schlösser
schme|cken, es schmeckt, es schmeckte, es hat geschmeckt
schnell, schneller, am schnellsten
schon
der **Schrank**, die Schränke
der **Schuh**, die Schuhe
der **Schul|bus**, die Schulbusse
der **Schul|hof**, die Schulhöfe
schwei|gen, sie schweigt, sie schwieg, sie hat geschwiegen
schwer, schwerer, am schwersten
die **Schwes|ter**, die Schwestern
schwie|rig, schwieriger, am schwierigsten
schwim|men, er schwimmt, er schwamm, er ist geschwommen
se|hen, sie sieht, sie sah, sie hat gesehen
sehr
sein, er ist, er war, er ist gewesen
sei|ne, sei|ner
selbst
die **Sen|dung**, die Sendungen
sich
sie
sie|gen, er siegt, er siegte, er hat gesiegt
das **Sig|nal**, die Signale
sit|zen, sie sitzt, sie saß, sie hat gesessen
die **Son|ne**, die Sonnen
span|nend, spannender, am spannendsten
spä|ter
spie|len, sie spielt, sie spielte, sie hat gespielt
spitz, spitzer, am spitzesten
das **Sport|fest**, die Sportfeste
spre|chen, sie spricht, sie sprach, sie hat gesprochen
sprin|gen, er springt, er sprang, er ist gesprungen
die **Stadt**, die Städte
die **Staf|fel**, die Staffeln
der **Stamm**, die Stämme
stark, stärker, am stärksten
die **Sta|tion**, die Stationen
die **Stein|zeit**
der **Stern**, die Sterne
die **Stim|me**, die Stimmen
stol|pern, er stolpert, er stolperte, er ist gestolpert
die **Stra|ße**, die Straßen
der **Streit**, die Streite
strei|ten, sie streitet, sie stritt, sie hat gestritten
streng, strenger, am strengsten
streu|nen, er streunt, er streunte, er ist gestreunt
stri|cken, sie strickt, sie strickte, sie hat gestrickt
stür|men, es stürmt, es stürmte, es hat gestürmt

T

das **Ta|ge|buch**, die Tagebücher
tan|zen, er tanzt, er tanzte, er hat getanzt
die **Tas|ta|tur**, die Tastaturen
das **Ta|xi**, die Taxis
te|le|fo|nie|ren, sie telefoniert, sie telefonierte, sie hat telefoniert
der **Text**, die Texte
der **Ti|ger**, die Tiger
träu|men, er träumt, er träumte, er hat geträumt

die **Trau|er**
trau|rig, trauriger, am traurigsten
tref|fen, es trifft, es traf, es hat getroffen
tro|cken
die **Turn|hal|le**, die Turnhallen

U

über
un|heim|lich
uns
un|ter
der **Un|ter|richt**
un|vor|sich|tig, unvorsichtiger, am unvorsichtigsten

V

ver|bren|nen, es verbrennt, es verbrannte, es ist verbrannt
der **Ver|kehr**
ver|lie|ren, sie verliert, sie verlor, sie hat verloren
ver|schwin|den, es verschwindet, es verschwand, es ist verschwunden
ver|ste|cken, er versteckt, er versteckte, er hat versteckt
ver|ste|hen, sie versteht, sie verstand, sie hat verstanden
ver|tra|gen, er verträgt sich, er vertrug sich, er hat sich vertragen
ver|wandt
ver|wun|dert
viel, viele
viel|leicht
vom, von
vor
vor|bei
vor|füh|ren, sie führt vor, sie führte vor, sie hat vorgeführt
vor|stel|len, er stellt vor, er stellte vor, er hat vorgestellt
die **Vor|stel|lung**, die Vorstellungen

W

die **Waf|fel**, die Waffeln
wäh|rend
der **Wald**, die Wälder
wär|men, es wärmt, es wärmte, es hat gewärmt
das **Was|ser**
das **Weih|nachts|fest** die Weihnachtsfeste
wel|che
die **Wel|le**, die Wellen
wenn
wer|den, es wird, es wurde, es ist geworden
wie
wie|der
wir
wis|sen, sie weiß, sie wusste, sie hat gewusst
wün|schen, er wünscht, er wünschte, er hat sich gewünscht
der **Wurm**, die Würmer
die **Wut**
wü|tend, wütender, am wütendsten

Z

zäh|len, sie zählt, sie zählte, sie hat gezählt
der **Zahn**, die Zähne
der **Zap|fen**, die Zapfen
die **Zeit**, die Zeiten
zie|hen, er zieht, er zog, er hat gezogen
zu, zum, zur
der **Zu|schau|er**, die Zuschauer
die **Zu|schau|e|rin**, die Zuschauerinnen
der **Zweig**, die Zweige